U0940335

说打动人的话，做情商高的人

刘 斌◎著

江苏人民出版社

图书在版编目（CIP）数据

说打动人的话，做情商高的人 / 刘斌著. -- 南京：江苏人民出版社, 2020.2

ISBN 978-7-214-23915-0

Ⅰ. ①说… Ⅱ. ①刘… Ⅲ. ①说服—语言艺术—通俗读物 Ⅳ. ①H019-49

中国版本图书馆CIP数据核字(2019)第178756号

书　　　名	**说打动人的话，做情商高的人**
著　　　者	刘　斌
责 任 编 辑	卞清波
装 帧 设 计	一个人·设计
出 版 发 行	江苏人民出版社
出版社地址	南京市湖南路 1 号 A 楼，邮编：210009
出版社网址	http://www.jspph.com
印　　　刷	天津旭丰源印刷有限公司
开　　　本	710mm × 1000mm　1/16
印　　　张	13
字　　　数	160 000
版　　　次	2020年 2月第 1 版　2020年 2月第 1 次印刷
标 准 书 号	ISBN 978-7-214-23915-0
定　　　价	32.80 元

人生来就不是独立的个体，生活在复杂的社会中，为人处世尤为重要。能否在社会各方面因素和周围环境的影响下过得如鱼得水，成了人生是否过得顺畅如意的基本评判标准。

古人说，“修身，齐家，治国，平天下”。

修身是所有社会能力之首。

而修身除了自我能力和自我情操的提升之外，便是可以提高情商。只有提升自身的情商，多动脑，多思考，了解人情世故，了解人性心理，了解事件因果关系，才能齐家、治国、平天下。

EQ
说打动人的话，
做情商高的人

目录

CONTENTS

第一部分
家庭篇：增进感情沟通，提升家庭的幸福感

目录

CONTENTS

第二部分

社交篇：言语行事稳重内敛，不着痕迹成为人群聚焦点

第三部分
职场篇：简洁有力的语言最震撼人心

说打动人的话，做情商高的人 说打动人的话，做情商高的人 说打动人的话，做情商高的人 说打动

第一部分

家庭篇：增进感情沟通，提升家庭的幸福感

赢了道理输了感情，适当地认输才能赢得人心

肯定对方微不足道的进步

不要随口拒绝对方的好意

想要孩子乖巧懂事，巧用说话技巧

不要和妻子讲道理，她只需要你划清阵地

批评对方之前，要先学会自我批评

高情商，能提升对方和你相处的幸福感

EQ
说打动人的话，
做情商高的人

第一节

赢了道理输了感情，适当地认输才能赢得人心

在一段社会关系中，家庭关系的和谐是很重要的。

工作丢了可以重新找，朋友闹翻了可以交新的朋友，但在一个家庭中，一旦出现难以协调的矛盾，对一个人一生的影响可以说是翻天覆地的。家家有本难念的经，想要经营好一段婚姻，没有高情商，很难让婚姻充满幸福感。随着时间的流逝，无论当初多么美好的感情，也会被柴米油盐消磨殆尽。

步入婚姻是一段感情最美的终点，却也是一段感情磨砺的起点。

而争吵往往是感情开始发生质变的导火索。

有时候，赢了道理，却输了感情，适当地认输才能赢得人心。

夫妻相处，难免产生矛盾，发生争吵，在合适的时候选择退让，往往更能解决问题。退让并不是认输，但懂得退让的人才能拥有更多幸福。

肖远又和妻子吵架了，他一怒之下摔门而去，打电话喊好哥们儿一起喝闷酒。肖远不知道自己的婚姻出了什么问题，他和妻子马莉是自由恋爱结婚，当初两人感情好到让所有人羡慕，小吵小闹也有，但从来不会发生大的争吵。自从结婚之后，他觉得马莉变了，变得再也不像谈恋爱时那样小鸟依人，还经常因为一点小事跟他争吵，一件芝麻大的小事揪着不放，非要闹个天翻地覆不可，完全不讲理。

比如这次，肖远陪马莉回娘家，肖远下个月要出差，马莉想在娘家住一个月，难得有机会可以陪陪父母。饭桌上马莉提起了这件事，弟媳一听就沉下了脸，因为弟弟外出打工，现在家里大事小事都由弟媳说了算。两人说话夹枪带棒，没几句马莉就和弟媳吵了起来。

“莉莉，你都嫁人了，长期住在娘家，别人看到会说闲话的，而且我们也忙，怕到时候照顾不周。”弟媳边吃饭边说道。

“话哪能这么说呢，我回我爸妈家住一个月，陪陪父母，这是我应尽的孝道。再说我回自己家，哪用别人招待？这么大的房子，二楼三楼都空着，哪会没地方住？我以前住的卧室不是还空着吗？”马莉顿时不爽，反驳道。

“莉莉，不是我说你，住一天两天都好说，可这一住就是一个月，家里开支本来就不小，你一来，花的钱就更多了。你都嫁人了还天天赖在娘家，不怕别人说闲话？我和你弟都成家了，现在这里是我家。你三天两头往我家跑，我也没说什么，之前都是住个一天两天，现在要住一个月，下次是多久？干脆你和姐夫都搬回来住得了！”弟媳气得直接站了起来。

马莉直接反驳道：“当初我把房子让给我弟，不是因为房子就该是他的，是因为我心疼他不容易。怎么，现在我回自己家住几天都不行了？做人不要忘本！”

马莉的父母忙说道：“莉莉虽然嫁人了，但她永远是我们的孩子，她想什么时候回来就什么时候回来，我们老两口永远欢迎。”

弟媳一看没人向着她，直接回了卧室，大家不欢而散。

事情闹成这样，马莉也不好意思继续待在娘家，当天就和肖远回了家。回家之后马莉就开始抱怨弟媳的不是，说弟媳不是好人，贪心，得寸进尺，自己心心念念为了弟弟好，可她不念着自己的好也就算了，现在自己回个娘家她都不乐意。有本事他们自己去买房，别住爸妈的房子呀，那是弟弟的爸妈，也是她的爸妈，凭什么她不能回去住……

肖远不知道怎么安慰马莉，只好跟她讲道理：“你看你也嫁人了，人家不乐意咱们少回去几次就行了，何必跟她争执呢？”

“我的娘家我凭什么不能回去，你是谁老公，怎么向着别人说话呢？”马莉对弟媳的抱怨一停，话锋一转，直接对着肖远叫嚷。

肖远赶紧解释：“我哪是向着她说话，我这是跟你分析事实，她嫁给你弟弟的时候，肯定把婆家当成她自己的家。你已经嫁出去了，对她来说你只是客人，哪有客人久住人家家里的道理？可对你来说，那是你从小到大生活的家，两个人立场不同，难免会起争执，咱们何必为了这么点小事闹得不痛快呢？”

马莉本来只是跟老公抱怨心里的不痛快，现在一听，顿时火冒三丈：“你的意思是我错了？我应该让着她，惯着她，连自己的娘家都不能回去了是吗？没想到连你也帮着外人，我是你媳妇儿，在别人那里受了气，难道你不能安慰安慰我吗？”

肖远也有些生气了，怒道：“你能不能不要蛮不讲理？我在跟你讲道理，而且那是你娘家人，你让我怎么说，跟着你一起骂你娘家人吗？作为你丈夫，我能做的只有缓解你们之间的矛盾，总不能火上浇油吧？”

“谁要你跟我讲道理，你说的我不懂吗？我就是心里不爽，我被人欺负了心里难受，谁要你跟我讲道理？我又不是三岁小孩，你就是在向着别人，觉得别人都对，全是我的错，你就是这样想的！”

马莉说着说着哭了起来。

“那你让我怎么做？跟着你一起骂她？行行行，以后你说啥就是啥，你也别问我意见，反正你也听不进去。你喜欢听，我就顺着你说，你那弟媳不是好东西，你做什么都是对的，行了吧？”肖远一脸不耐烦地说道。

“谁让你顺着我，你还是觉得都是我的错对不对？你一点都不心疼我，现在觉得我烦了，早干吗去了？觉得我烦当初别娶我啊！”

肖远一肚子憋屈，哄又哄不好，于是摔门找兄弟喝酒去了。

肖远边喝酒边跟兄弟讲了事情经过，肖远的兄弟拍拍他肩膀，叹息道：“老兄，你还是不懂你媳妇儿的意思，你说的那些道理，她怎么可能不明白呢？但你站在她的立场想想，当初家里的房子是你媳妇念着弟弟是男孩让给他的，结婚的时候没有要家里一分钱，房子也都留给了弟弟，但是他弟媳一点不念着她的好，现在她不过想回来住一个月，弟媳却一脸不乐意。你媳妇儿生气也是人之常情。这时候她回来跟你抱怨发泄，可不是为了听你讲道理，只是想从你这里寻求安慰和认同感，让自己的付出变得有意义。你说得再有道理，在那种情况下你媳妇哪能听得进去？你应该好好安慰她才对啊。等她消了气，心里不那么委屈了，什么话都好说了。”

肖远想了想，觉得兄弟说得也有道理，虽然觉得女人真的是一种不可理喻的动物，但谁让她是自己媳妇儿呢。

“快回去吧，赢了道理，输了感情，适当认输才不会破坏感情。你媳妇儿这会儿还在家等你呢，回去可千万别发脾气了，啥事儿都忍着，事情过了再说。”

肖远和兄弟告别，回家的路上去买了马莉爱吃的零食，一开门果然看到马莉还在哭。不等他开口，马莉张口就骂：“你不是走了吗，走了就别回来啊，回来干什么，出去出去，再也别回来了！”一边说一边把他往门外推。

肖远忍着脾气赔笑说：“我出去是给你买零食去了。看你这么难过，当然得买点好吃的安慰安慰你啊。”

他拿着零食对马莉晃了晃。

马莉愣了愣，但还是使劲捶打他，边哭边说：“你不是说别人都对，都是我的错吗？谁要你哄我，谁稀罕你的零食，你继续去喝酒啊，我不需要你的安慰！”

“好媳妇儿，我错了，其实我知道占理的是你，但你也知道啊，我是你老公，你弟媳是你娘家人，我就算帮着你，也不能指责你的亲人对吧。但我心里也觉得她很过分，你说我媳妇都退让那么多了，她怎么还不知道念着你的好呢？”

“你刚才可不是那么说的。”马莉抽噎道。

“你想啊，那是你娘家人，我要是说她不好，你会不会又觉得我嫌弃你娘家人了？如果是我家里人欺负了你，你看我会不会帮着他们。但你家人的事情，我说轻说重都不合适，只有跟你分析双方的心理，谁知道让你不高兴了，我错了。”

马莉破涕为笑：“其实我也知道自己有不对的地方，她其实就是担心我住的时间久了不走了，跟她争房子，她的担心我也理解，但我心里就是觉得委屈啊。房子明明是我让给他们的，现在住几天都跟我翻脸，我多憋屈啊。这种事情我又不能跟别人抱怨，只能跟你说，发泄心里的委屈，没考虑到你为难的地方。对不起啊，老公。”

肖远一听，顿时觉得一堆道理白讲了，其实媳妇儿心里比谁都清楚。马莉说的几句话令他感动，瞬间觉得自己情商太低了，于是深情地将老婆抱进怀里。

肖远认真地想了想，其实平时和马莉争吵，很多事情都是因为自己分毫不让，惹得马莉大发雷霆。其实有时候她只需要自己的包容和忍让。这些浅显的道理，谁不懂呢？

一味地争强好胜，赢了道理，输了感情，一段婚姻会因为这些鸡毛蒜皮的小事不断恶化，明明可以有更好的走向和结局，就因为谁都不肯退让妥协，才会让矛盾愈演愈烈。

这个世界，其实并没有悲剧和喜剧之分，走出悲剧，就是喜剧，故事的导向永远掌握在自己手中。

时间在走，人心在变，最终不变的，是陪你走到人生终点的那个人。

第二节

肯定对方微不足道的进步

湖南台有一档名为《少年说》的节目很受欢迎，其中令我印象最深的是一个小女孩上台喊话："妈妈，你为什么总是拿我和别人家的小孩做对比？"这一幕让很多人感同身受，如同回到了小时候，无论自己做得多好，却总是战胜不了"别人家的小孩"。

当女孩这样喊话时，她母亲的回答亦如同大多数父母："让你和别人比，是为了让你从中吸取不足，然后找到属于自己的方法。"

女孩委屈得哭了，她问母亲："我知道别人很厉害，可是为什么我一直在努力，也一直在进步，可你就是看不见呢？你从来都没有给过我一句肯定，一句赞扬。有时候我觉得自己的努力都是白费，因为根本不可能获得你的认同。”

“我知道我一直在打击你，因为我了解你的个性，要是不打击，你可能就有点飘。”母亲是这样回答的，她觉得自己的夸赞和肯定会让孩子自我膨胀，但事实真的是这样吗?

很多原本可以很优秀的孩子在父母不断地打击中，慢慢丧失了奋斗的动力。那种没有尽头的努力，慢慢地会让孩子破罐子破摔，真正变成一个不如“别人家孩子”的孩子。

我记得自己小时候也是在这种打击中成长的，为了获得爸爸妈妈的肯定，每天努力学习，努力听爸爸妈妈的话。我觉得自己已经做得很好了，我的名次从全班倒数一路飙升到前三，当我兴高采烈地把考卷拿回家的时候，父母给我的永远都是这句话：“你看谁谁谁多厉害，你怎么就比不过他呢？你看谁谁谁考试能得第一，你怎只能考个第三呢？”

久而久之，我觉得自己在父母心里就是那么差劲，永远不如别人。父母的夸赞和肯定慢慢成了奢望，我也不再拼了命去往前奔跑，成绩慢慢趋于稳定，徘徊在全班中上游。每当进步一两个名次，还能看到父母脸上的一点笑，对此我很满足。

长大后，从别人口中我才知道自己在父母心里多么耀眼，每次我考了好成绩，他们都会得意扬扬地跟邻居炫耀：“我家孩子这次考了全班前三呢，比上次又进步了好几名，没准下次就能得第一了。”

我听完后鼻子有些酸涩，小时候我是多么盼望听到爸妈的这句夸赞，可惜我到现在才知道自己在父母心里并没有那么差劲。如果当时知道爸妈这么评价我，我想我拼了命也会往第一名的位置闯一闯吧……

相信很多人都有过这样的感受：为什么我一直在努力，甚至有时候我已经进步了，可是父母却看不见。

慢慢地，我们也变成了这样的家长，看不到孩子的努力和进步，甚至看到了也只会将喜悦压在心底，然后对孩子说："你看别人考了 100 分，为什么你只考了 98 分。"

我发现自己不自觉地开始要求别人，并且以无视别人成就的方式去激励对方进步。

我说得最多的一句话是："你看别人都怎么做的，再看看你自己。"

当我在电视上听到小女孩的喊话时，才恍然大悟，原来我已经慢慢变成了那样的人，这是一件多么可怕的事！

我认真反省了自己，明白了肯定对方微不足道的进步，才是促进对方前进的动力。

无论是在亲子关系中，还是任何一种需要互动的社会关系中，大多数人都渴望自己的努力被看到并且被肯定，哪怕做得不尽如人意，但这时候的肯定会让人产生愉悦感，然后朝着目标前进。

而面对一味打击的孩子，就会像喊话的小女孩那样没有自信，有时甚至会生出逆反心理。"你们总是这样打击我，我自然会觉得自己很差，也不会有自信做得更好，甚至觉得自己和那些优秀的人永远有距离，这让我觉得自卑。"

网上的论坛里，很多人描述小时候怎样受到父母的打击，从而导致自卑的心理。

总是觉得自己不够好，甚至在工作中也总害怕出错，不仅严重拖慢了工作进度，还会“越害怕越出错”。

小静是个个性很内向的人，从进公司的时候就不怎么说话，和别人说话时双眼也总是不敢直视对方。有时候大家会笑话她说话是说给自己听的。小静也很苦恼，可是生性内向且有点自卑的她总是放不开自己。工作上她小心翼翼，一份简单的数据她要做一下午，生怕自己做得不对，又不敢问别人，只能不断地按自己的想法修改、核对。大家都说如果她一直是这个工作效率，肯定试用期都过不了。

这天，小静将做了很久的数据交给主管，刚放下就被主管叫住了。尽管表面上很平静，可是小静觉得自己的心都快跳出来了。

“你做得非常好，相较上一次你提前了半个小时。而且你的数据是我们所有人里面最准确的。这说明你做事很细致。”

主管的肯定让小静瞬间抬起头，惊喜得有些局促，连笑容都有些尴尬。因为她太不习惯被人夸奖了，从小到大无论她多努力，父母总是可以挑出错来。

“唯一不足的地方，就是时间太久了。现在你已经有些经验了，保留你的细致并且加快速度，我相信你下次可以做得更好。”

离开办公室，小静无法形容自己的心情，但她能感觉到自己好像摸到了“自信”的边缘，原来自己也可以做得很好，自己也可以成为优秀的人。

从那之后，她谨慎之余，办事效率也加快了。

一次又一次的肯定和赞扬，让小静慢慢自信起来，性格也开朗了很多。没过多长时间，小静就转正了，连身边的朋友都觉得小静像变了一个人，说话做事再也不像以前那样畏畏缩缩。

有时候我们会觉得不过是一句夸奖，哪有那么大的力量。但对于很多人来说，一句小小的肯定也许就是改变人生的转折点。

当斥责无用的时候，可以试着去肯定一个人。

因为有时候我们习惯性去指责别人，却看不到对方的改变，变本加厉的指责只会让对方破罐子破摔，或者引起争吵。一个不太糟糕，但也不太优秀的人，会因为不断地指责和贬低而变得越来越糟。

试着换一种方式和角度去与人相处，或许我们会收获更多的惊喜和安慰。

小芋最近和丈夫徐越闹得越来越厉害，双方家长劝过，可是合好了没两天，他们又吵得鸡飞狗跳。最后连邻居都看不下去，敲门来劝。

“他总是这样，什么事情说了好多遍就是不记得，永远不改，永远是这个样子！”

“我怎么没改过，我也不是故意的，你就不能好好说话吗？”

“你改什么了？我说过多少次让你洗澡后把衣服脱了就翻成正面，你看看，你自己去看看，翻了吗？每次都要我给你翻，你能记住什么？”

“是，我记不住，反正我就这样，我改不了了，你看着办吧！”

“我看着办？我看这日子是过不了了，还不如离婚自己过！”

“随便你！”

这样的对话，几乎每天都会发生。从一件很小的事情吵起，再将过去的事情翻出来说，最后演变成大吵、闹离婚。

小芋气得离家出走，将门摔得震天响。

是不爱了吗？

其实也不是，冷静下来的时候小芋也会想到徐越对自己的好，可是一件件令人心烦的小事堆积起来就像爆发的火山，那些好全被燃尽。

在朋友家住了两天，徐越也不曾上门，只是打了电话拜托朋友照顾她。

这天她又和朋友抱怨时，朋友突然问了一句：“他真的一点也没有改吗？”

小芋愣了一下。

仔细回忆起来，也并不是没有改，或许是徐越改的速度太慢，慢到让她察觉不到。最初，他是有改变的，可是她总是不满意，还没来得及发现他改了这个毛病，就发现他的另外一个缺点，当时火就冒出来了，哪里还能好好说话。

“或许你可以试着夸夸他，没准家里的气氛会变得不一样。”

朋友的话，让小芋陷入沉思。或许真如朋友所说，是她的否定导致了徐越最后的“自暴自弃”。

回到家中，她发现衣服已经洗了，房间打扫得干干净净，结果到阳台一看，拖把还在桶里，脏水也没倒。

正巧徐越这时候回来，看到她站在阳台上吓了一跳，立刻解释：“我是要倒的，只是刚好……”

“你已经很棒了，从前我总以为你打扫不干净，可是没有想到你做得这么好。你看，这个角落我以前总忘记打扫，你比我还细致呢。”她不管徐越瞪大的双眼，继续微笑着说道，“我知道你不是故意不倒脏水，肯定是有事耽误忘记了。没事，我倒就行。”

突如其来的肯定让徐越震惊，甚至有点感动，他开始反思起来，以前自己可能确实做得不够好，才会引起小芋的不满。

后来，他发现小芋好像变了，自己做的一切改变小芋都看在眼中，放在心里。徐越也慢慢放下成见，有些力所能及的事情，都积极努力地去做。慢慢地，他们之间少了很多争吵，多了很多赞扬，两个人都学会了反省自己，并且第一时间肯定对方。以往的鸡飞狗跳变成了其乐融融，家里欢声笑语，夫妻感情也越来也好。

都说相爱容易相处难。

谈恋爱时我们看到的总是对方的优点，一旦组成家庭日夜相处之后，那些不曾发现的缺点就会在彼此眼中一一暴露。

没有人是天生为谁量身定做的，大家在不同的环境中成长，有不同的生活方式。

如果一味指责对方只会让整个家都笼罩在戾气之中，不如在肯定和鼓励中，让双方成长为对方喜爱的模样。

第三节

不要随口拒绝对方的好意

很多人认为，家人是自己最亲的人，和家人说话可以不经思考，随口反驳拒绝，反正家人不会真的生自己的气，也不会离开自己。

很多时候，我们会第一时间考虑陌生人的感受，却不在意家人的想法，一些伤人的话张口即来。

有时候，哪怕一些很小的举动都会伤了家人的心。

李小星和丈夫肖原两人非常恩爱。可是最近肖原却觉得妻子有些不可理喻，动不动就生气，而自己却莫名其妙，完全不知道她为什么生气。

早上肖原准备起床上班的时候，发现李小星已经起床做好了早餐。刚睡醒的他一点都不饿，而且还有十几分钟上班就要迟到了，他拿起公文包准备出门，却被李小星喊住。

“早餐已经做好了，你晚一点再走吧，你们公司一点多才下班，不吃早餐谁受得了。我打了新鲜的豆浆，煎了个鸡蛋，吃点儿再去公司吧。”李小星说着，从厨房端出热腾腾的豆浆和煎蛋，还有一个洗干净的苹果。

肖原眉头一皱：“昨晚吃得晚，现在不饿，而且没时间了，我先走了。”

说着，他看也没看冒着热气早餐，转身就出门。

李小星一愣，回头看了看那一桌子早餐，眼中闪过一丝失望。但她来不及多想，飞快地跑进屋拿出一盒饼干和一个洗干净的苹果，追上去塞到他手里：“苹果和饼干拿上吧，饿了好歹能垫垫。”

肖原叹了口气，一脸不耐烦地把她的手一推：“我说了不饿，你看我拿这么多东西还怎么拿吃的？你自己在家吃饱一点，别让我担心，穿厚点别感冒了。我走了，快迟到了。”

李小星看着肖原离开的背影，眼睛有些发红。她回到客厅，呆呆地坐到饭桌前，想到自己不到六点就起床做早餐，可肖原连看都没看一眼，只觉得心里拔凉拔凉的。

晚上肖原下班，冻得瑟瑟发抖，李小星急忙拿了羽绒外套给他披上，却被肖原一手挡开：“不用，我不冷。宝贝，你在家好好吃饭没？”

李小星没理他，沉着脸去卧室找了保暖衣裤，跟他说：“最近降温，外面冷得厉害，明天把保暖衣裤穿到里面吧，冻感冒多难受。”

“我都说了我不冷。”肖原见李小星没个笑脸，也沉下了脸。

想到自己辛辛苦苦上了一天班，回来还要看李小星的脸色，真是气不打一处来，也不知道这刚到家是哪里惹她生气了。

晚上两人吃完饭，李小星听见肖原有点咳嗽，就去冲了一杯感冒冲剂给肖原端过去：“看吧，都感冒了，把药喝了吧，不然明天感冒严重了就麻烦了。”

肖原忙着看电影，皱眉看了一眼李小星手中的杯子，拒绝道：“你知道我不爱喝药的，再说我又没感冒，吃什么药啊。我自己的身体我知道，睡一觉明天一点事都没有。”

“可我已经冲好了。”李小星忍着脾气。

“我说了不喝就不喝。你别在那瞎忙活了。这么冷的天，快去被窝里待着，冻着了我心疼。”肖原头也不回地盯着电视。

李小星忍无可忍，使劲把杯子放到桌子上。

一晚上李小星都没再跟肖原说话，肖原也满心郁闷。

第二天肖原去公司上班，跟同事抱怨李小星的喜怒无常，同事听了事情的经过，用看白痴一样的眼神看着肖原：“你到现在还不知道你媳妇儿为啥生气？”

“我也没惹她啊，莫名其妙就不理我了，我确实不喜欢喝药，难不成是因为这个？这点小事至于吗？”肖原心里一阵烦闷。

“你早上八点上班，你媳妇的工作是下午才上班对吧？你起床的时候，她已经做好了早餐，你有没有想过她是几点起床的？大冬天的谁不想多睡会儿。人家放着懒觉不睡，给你做了早餐，你看都不看一眼，换谁都会生气啊。”

“我……可是我真的不饿啊，谁让她瞎折腾，也不嫌累得慌。”肖原抱怨道。

“你真的是身在福中不知福，我每天早上别说早餐了，晚上回去连一顿热乎饭都没有。平时去哪里，看到别人媳妇儿电话一个接一个地催问，我这儿呢，冰冰冷冷，人家自己在家玩得不知道多嗨。这相亲结婚的，就是比不上你们自由恋爱结婚的，我这结婚就是搭伙过日子，你都不知道我多羡慕你。等哪天你媳妇儿彻底被你伤了心，对你不管不问，你就知道你错得有多离谱了。”

“难道我应该强迫自己去接受她强加的好意？她是开心了，可我不爽啊，反正我这人有一说一，强迫不了自己。”肖原一想到以后要受到的种种束缚，就觉得浑身不舒服。

“肖原，我不是让你去强迫自己接受她的好意，但至少请尊重别人的劳动成果，不要随口拒绝对方的好意。比如早餐，你象征性地吃一口，衣服你随手披上，都会让对方觉得被需要。你换位思考一下，要是别人对你的所有好意一应拒绝，你会不会觉得自己很多余？”同事叹息着拍了拍肖原的肩膀。

肖原有些郁闷，转身冲了杯咖啡，顺便给同事也冲了一杯，端过来给他：“喝口暖暖身子。”

“我不喝。”同事生硬地拒绝。

“哎，我说你怎么这样，我都冲好了，前几天你不是说很好喝吗？”

肖原一下子怒了。

“是啊，可我现在就是不想喝，谁让你冲了？”

肖原脸一沉，正要发作，却看到同事一脸促狭地笑。

肖原一怔。

“怎么样，有没有好心当成驴肝肺的感觉？我这么小的一句拒绝，你都差点发火，你一天拒绝你媳妇儿四五次，没跟你闹离婚算是你们感情深厚了。臭小子，咖啡拿来，早点回家吧，你媳妇还在家等你呢。”

肖原将心比心，这才知道自己以前有多过分。在和李小星相处的过程中，他几乎每时每刻都在拒绝她的好意。

在家吃饭的时候，给李小星夹了一口菜，李小星欢天喜地地吃掉。李小星喂他吃的时候，等到的却是他的拒绝：“我不爱吃那个。”

路上给李小星蹲下系鞋带，李小星笑得一脸幸福。李小星随手给他喂了一块小零食，却被他一把推开，拒绝道：“那么多人看着呢。”

每次李小星落寞的眼神都被他忽视，其实现在想起来，他也并不是全然不懂李小星的不满，只是他觉得反正他再怎么拒绝，李小星都不会生气，过几天她又欢天喜地给他变着花样做好吃的。

外面风很大，肖原回到家里，李小星本来不想理他，可是看他脸都冻红了，便急忙去给他打了一盆热水端过来：“用热水洗把脸暖暖手，我去给你倒杯热水吧，看你冻的。”

肖原拉住李小星，一把将她拥进怀里，低声道：“别去，我快冻死了，我要你帮我洗，热水一会儿再喝。”

李小星一愣，笑道：“这么大人了，还跟小孩子一样。坐好，我给你洗。”

温温的热水扑到脸上，肖原觉得自己的心也变得暖暖的，原来接受别人的好意，是这么令人舒服愉悦的一件事。

在一段感情中，最能体现和感受到的就是关心和被关心。然而无论在哪种情感关系中，我们都很害怕“关心过剩”，因为一旦关心过了头就变成了“束缚”。

这种“束缚”通常来自亲人或夫妻之间，有时候分明只是一句简单的叮咛，在对方的心里却变成一种束缚，一种强加的压力。

所以，子女常常习惯性地拒绝父母的好意，丈夫们不耐烦地拒绝妻子的关心。这不仅是长期的沟通不善导致的习惯性拒绝，更是一种习惯性接受所演变成的不耐烦。静下来想想，其实同样一句话，在不同的人身上得到的回应是会不同的。

早上 7 点半，以南匆忙洗漱完毕，就准备出门上班，门刚打开一股寒风迎面而来，还没来得及打哆嗦，母亲就抱着羽绒服赶过来，身后是拿着切片面包和牛奶的妻子。两张关心的面容本应该让以南觉得幸福，可是此刻他却宁愿逃回凛冽的寒风中。

他将母亲和妻子的好意拒之门内，留下一句“我不用，别管我”就出门了。他看不到门内的母亲和妻子瞬间黯淡的神情，但他可以猜得到，只是这已经不能让他内疚，而是一种想要逃离的冲动。

自从妻子怀孕之后就没有再去上班，除了孩子，每天第一件事就是照顾他的日常。按理来说，他应该觉得幸福，可是加上母亲的照顾，他反而觉得有些透不过气来。

打着寒战来到公司，刚进门就打了个喷嚏，同事小李倒给他一杯热水，说：“你别感冒了啊，我这儿还有点早餐，你要不要吃一口？”

以南感动不已，接过早餐吃得不亦乐乎。

中午下班刚出门，天上就开始飘雪，恰巧遇到领导回来，见以南穿得单薄不由分说将自己的外套给他，叮嘱他千万别生病了，又多说了几句关心的话，感动得以南觉得这哪里是寒冬，分明就是暖春。

他想，这样一个温暖的大集体，一定要好好努力工作，才能对得起同事和领导对自己的关怀。

到了公司食堂，以南就发现妻子在外面等着。天气太冷，妻子不时搓手跺脚，但一看到他，笑着朝他招手，并举起手中的保温桶。

以南不知怎么形容自己当时的心情，有些感动，又有些反感，复杂的情绪让他表情都有些不自然。

“餐厅里有饭，我在餐厅里吃就可以了，你大着肚子别总是跑过来！”他皱眉，但还是接过了妻子手中的保温桶。

“我给你带了外套，妈妈也担心你会冻着。”

那句“能不能别管我，我不是小孩了”卡在喉间，看到妻子臃肿的身子和热腾腾的饭菜，责备的话再也说不出口了。

以南给妻子叫了车后回到办公室，将外套上的雪拍掉，又拿到洗手间烘干了之后才还给领导。

“我刚看到你妻子来了，她肚子这么大了还给你送饭，你可真幸福啊！”领导说。

“可不是，嫂子待你是难得的好，不像我媳妇儿，加班连个电话都没有，回家连口剩饭都别想，只能点外卖。”同事也如此说。

那一刻，以南突然察觉到自己的幸福。只是他不解，为什么身在幸福之中却要别人说出来自己才能感觉到，他开始反思自己每一次头也不回地拒绝，是不是真的过分了。

“回去之后，一定要好好向母亲和妻子道歉。”以南想。

可是回到家后，看着她们反而说不出口，只是态度在不知不觉中慢慢转变。

母亲给他夹菜时，他笑着说：“我知道你觉得我累，想让我多吃一点，可是我真的很饱了，你看！”他拍拍肚皮，惹得妻子大笑，母亲也不再强迫他多吃了。

晚上，妻子端着热好的牛奶进来，他在玩手机游戏，以往这种情况他总是很不耐烦，觉得自己累了一天不过想玩个游戏放松一下却总是被打扰，可是现在他立刻放下手机，接过牛奶拉着妻子坐下，两个人共饮一杯，幸福又温馨。

从前他总觉得被管得太多，可是突然被点醒了之后才发觉原来幸福一直在身边，那些爱意在他反感的瞬间，全变成“多余”和“束缚”，其实是自己不懂珍惜。打心底关心家人之后，他才发觉，原来无论是给予或接受，都是家人所需要的一种情感表达的方式。而坦然接受并开始学会关心之后，整个家变得和谐又幸福。

常常在网上看到一些争执，父母安排相亲，结婚前女方家庭想要对方给更多的聘礼，妻子想让丈夫少玩游戏，结果最后都引发了争吵。如果所有的拒绝之前，可以先告知对方自己明白他的好意，也知道他是对自己好，再将拒绝的理由说出来，便不会显得生硬。

大多数人很容易因为陌生人或是旁人做的一些小事而感动，这样的好意接受起来备感温暖，却习惯性拒绝家人给予的一切，因为我们太习惯他们的付出，所以变得理所当然。不要忘了感恩，要知道对方付出后是需要你的回应的。

第四节

想要孩子乖巧懂事，巧用说话技巧

都说家长是孩子的第一任老师，孩子童年时期最常模仿的对象就是家长。家长的说话态度、做事方法、为人处事，都影响着孩子的成长。而孩子长大之后，父母曾经说过的话，做过的事，必然会在他的个性里留下痕迹，以后他也会这样教自己的下一代。

孩子长大后，除了包容他的父母之外，社会上没有人再这样包容他，更没有人像父母一样教他什么是对的，什么是不对的，一旦遇到脾气同样暴躁的人，就容易发生口角。更有甚者，有些孩子被父母过度宠溺，因为不能正确地分辨是非对错，而走上犯罪的道路，最终误了一生。

当父母痛哭流涕痛恨孩子不孝顺、不懂事、不学好的时候，可曾想过，或许罪魁祸首其实是从小惯着孩子的自己。

派出所接到一个案子，一位孤寡老人被狠心的儿女赶出门外，饿晕在路边，被好心人送到派出所。经调查，老人的几个孩子有房有车有工作有存款，可是却没有一个愿意为老母亲养老送终。

老人是许村人，本来家境不错，老两口一辈子勤勤恳恳，为了儿子们能娶到媳妇，盖了好几处房子。后来两儿一女长大后，便把房子分给了他们，自己和老伴没了住处就租房子住。

年前老伴因病过世，家里的存款都给老伴看了病，房子租不起了，饭也有一顿没一顿，她就想让儿女们将她接回家照顾，谁知道她的孩子们像踢皮球一样把老人往外踢，谁都不愿意管。

老人饥寒交迫，在路边饿晕了过去。幸好路人看见报了警，这才将老人送到派出所。老人吃着民警买来的馄饨，痛哭流涕。

在孩子们小的时候，她和老伴那么宠爱他们，从不让他们干重活。老两口舍不得吃舍不得喝，都让孩子们吃得饱饱的。老伴也因为年轻时过度劳累落下了病根，在医院熬了几年撒手人寰。在这期间，两儿一女几乎一眼都没来看过，更别说给钱了。当初那么可爱听话的孩子，怎么就变得这么冷血了呢?

老人的大儿子和二儿子是双胞胎，她从来不舍得让孩子们干活。

记得那一年两个儿子六岁，女儿四岁。

她做饭的时候，既要添柴又要炒菜，累得满头大汗。大儿子看到了，主动跑来给她添柴火：“妈妈，我给你添柴，你就不会这么累了。”

“去去去，一边玩去，别添乱。”她一边擦汗一边挥手赶儿子，“你一天天多吃点饭，好好上学就行了，这些活儿用不着你。”

吃饭的时候，她煎了三个荷包蛋，三个孩子一人一个。当时女儿看她没有，就把自己碗里的蛋给她夹过去：“妈妈，你吃。”

二儿子看到后，也立刻把自己碗里的夹给了父亲，希望得到父亲的表扬。

老伴一看笑道：“嘿！真懂事。”

说着就要往嘴里塞。

她一筷子将老伴筷子上的蛋打落在碗里，给儿子夹回去，怒道：“好好吃你们的饭，我和你爸不爱吃这个，你们多吃点长身体。”

女儿不屈不挠要往她嘴里喂：“不嘛，就要妈妈吃，妈妈都没吃过鸡蛋。”

她脸一沉：“我说了不吃就不吃，你们怎么一点都不听话！”

女儿“哇”的一声哭起来，一边哭，一边委屈地把蛋塞进自己嘴里。

那一年，两个儿子七岁，女儿五岁。

下雨天路上泥泞，她怕孩子鞋子湿了，她直接背着孩子去学校，好几次都累得喘不上来气。但因为从小习惯了父母的付出，孩子们看着他们累得气喘吁吁而无动于衷，嘻嘻哈哈在父母背上打闹，而她和丈夫却宠溺地看着孩子。

那一年，儿子们八岁，女儿六岁。

她和老伴带孩子们去城里吃饭。走到老街的时候，孩子乱跑，打翻了一个卖菜的小摊。摊主气得大声喊小孩子不要乱跑乱撞，她和老伴爱子心切，不仅没有一句道歉，还直接和摊贩大吵了起来。

孩子见父母站在自己这边，更加肆无忌惮，到了餐馆，依旧乱跑乱撞。儿子看到一个怀孕的女士，直接冲撞过去，将女士撞倒在地，然后哈哈大笑。

当时女士的丈夫吓得脸色发白，一边扶起妻子，一边冲两个孩子吼了一句："这么多人乱跑什么？熊孩子，撞到人了还敢笑，你爸妈没教你们不能冲撞孕妇吗？"

老两口一看，不依不饶地和男子吵了起来。

她不但不道歉，还护着自己儿子，大声嚷嚷："你看她不是没事吗？孩子不懂事，你一个大人跟他们计较什么？别说没事，就算有事你也不能跟孩子置气，有病看病，你凶孩子干什么？"

那一年，儿子们十二岁，女儿十岁的时候。

两个儿子抢同学的漫画，和同学打架，被打伤送到了医院。他们找到学校，闹得打人的同学退了学才罢休。

女儿偷了同学的玩具，同学和她打架，她抓伤了同学的脸。同学的家长找上门来。她堵在门口将玩具扔出大门，喊道："这种破玩具，我们自己买得起，谁稀罕你们的。我女儿抓了他，那是他自己不中用。”然后还跟女儿说：“咱们不要他们的破东西，回头妈给你买个更好的。”

儿子们二十三岁，女儿二十一岁的时候。

大儿子和二儿子都有了自己的家庭，女儿也嫁了人。两个儿子从小好吃懒做，也不肯找工作。后来两个儿子都各自有了孩子，日子慢慢过不下去了，就开始图谋家里的财产。两个儿子财产大打出手，女儿也不甘落后，生怕自己分不到钱，三个人闹得不可开交。

后来两个儿子一人分了一套房子，却拒绝将父母现在住的第三套房子留给妹妹，他们认为嫁出去的女儿泼出去的水，没理由还霸占家里一套房，这套房子应该卖了，得到的钱他和弟弟平分。女儿不甘心，天天在他们面前哭闹。为了安抚女儿，她和老伴把家里的存折偷偷给了女儿，女儿这才心满意足地回了婆家。

老两口跟儿子们商量：“房子卖了我们老两口住哪里？这房子肯定不能卖的。”

但两个儿子不同意，生怕以后这房子落不到他们自己手里，就提出房子不卖也行，家里存款得拿出来，不然他们日子都过不下去了。

可是存款早就给了女儿，现在他们上哪找钱去？存款给了女儿的事也不敢跟儿子们说，又不能眼睁睁地看着儿子孙子饿死，只好任由他们卖房子。

幸好老伴有退休金，两人租房子住，慢慢也存了几万块。

没想到老伴生了病，没多久钱就花光了，没钱看病，眼睁睁看着病魔夺去老伴的性命，可是两个儿子和女儿竟然一眼都没来看过他们。

自己一生都奉献给了几个孩子，没让他们吃一点苦，受一点委屈，她不懂为什么当初那么懂事的孩子变得这么没心没肺。看着别人家儿女孝顺，一家子其乐融融，她不知道问题出在哪里。

“难道我们老两口对他们还不够好吗？我的命苦哇……”老太太一边回忆，一边嘟囔。

可是派出所的同志看她的眼神却慢慢变了……

“老婶子，本来我也觉得你这几个儿女真不孝，但现在听你这么一说，其实是你把孩子们害了啊！你们老两口害了几个孩子一辈子，完全把懂事的好孩子给毁了！”派出所的一位老同志叹道，“小时候知道心疼你们老两口，知道主动帮你们做家务，就说明这几个孩子本性并不是又懒又坏，是你们自己把孩子宠成了现在的样子。你用自己的行动告诉孩子，你们老两口不需要被孝顺，他们做错事不用道歉，他们要自私自利才能保证自己不被欺负……你看看你都教了孩子些什么？”

老人一愣：“我什么时候教他们这些了，我都是疼他们啊！”

派出所的同志怒道：“恕我说一句难听的话，可怜之人必有可恨之处，你现在落到这境地，真是咎由自取！就是可惜了当初那么懂事的三个孩子！”

每一个熊孩子，背后一定有一个不讲理的父亲或母亲。很多时候，一句纵容的言语，就会毁了孩子的一生。

小时候不教孩子学会做人，终有一天，现实会用最残酷的方式让你明白没人为你的错误买单。

每个孩子小时候都是天真无邪的小天使，他们就像一张白纸，父母在纸上画成什么样，孩子们就会长成什么样。

父爱母爱永远是人类不可磨灭的本性，用正确的方式去爱孩子，才是对孩子最好的教养。

很多人都懂这个道理，可每天我们都能看到一些熊孩子捣乱的新闻，让人无可奈何。每一次悲剧的发生，都让人觉得痛心无奈。

有一次小丽和朋友们聚餐，朋友们会带着自己的孩子过来，她一见孩子就头大，想着一定要订个包厢，如果孩子们吵闹起来也不会打扰到别人。

后来到了餐厅一问，包厢早就订出去了，只能在大厅用餐。小丽的心顿时咯噔一下，只盼小朋友别出什么幺蛾子。前不久她刚刚领教过“熊孩子”的可怕，心中有些惴惴不安。

让小丽没有想到的是，用餐全程她想象的画面全都没有出现，小孩没有哭喊乱跑，也没有到邻桌张望。就连3岁的小朋友也是安静进食，偶尔说几句逗乐大家的话。

餐后，大家聊天，她松了一大口气说：“我真怕这些小朋友会大喊大叫，那声音真是……要命了！”

朋友们大笑，其中一位妈妈说：“我家孩子很少这样吵闹，特别是在公共场所。在家里如果有不满意的他懂得表达，极少靠哭闹去达到自己的目的。”

原来这几位妈妈带孩子出来用餐时，都会很注意餐桌礼仪，自己说话的音量保持能被对方听到又不会打扰到别人的程度，小朋友偶尔大声喧哗家长会及时制止。更重要的是小朋友看到家长的样子，也会跟着学，知道打扰别人是一件极不礼貌的事。

“小丽，我看你是真害怕，为什么吓成这样？”朋友笑她。

小丽这才将前几天发生的事情说出来。

原来，几天前小丽和男友一起去吃石锅鱼，赶上饭点人多，小孩儿也多，刚进去就看到一群小孩儿拉着几把椅子在过道跑来跑去，还将椅子排在过道上堵着。尖叫声、哭喊声，吵得让人受不了。

小丽想提醒几句，还没开口服务员就赶了过来，让孩子家长看好自己家的孩子。可是那桌人高谈阔论，几乎将服务员的声音淹没。

好不容易插上了话，家长也只是对着孩子说：“别吵了，坐到边儿上去。”

可是孩子哪里肯听，家长们也不再理会，继续谈论大笑，一旁的服务员尴尬得只能大喊：“不好意思，请看好小孩，否则一会儿热汤过来不小心碰到就不好了！”

“知道了，知道了。”

家长们不耐烦，将自己的孩子一把拉到边上。服务员整理好椅子就回厨房端菜。谁知回来的路上，椅子又全挤到路中间，歪七扭八，服务员手中的汤无法放下，只能举着小心地走。谁知道两个正在追赶的小孩一下就撞到她腿下。她连躲都没法儿躲，只能尽量稳住自己手中的汤不让孩子受伤。

可是那个瘦小的服务员哪里有这么大力气，结果汤洒了，好在只烫到孩子一点，大部分都烫在服务员自己的腿上，家长一下围了过来。

声讨、哭喊、责问声，充满了整个饭店，服务员和孩子被送到了医院，留下几位男士还在店里讨伐。最后小丽饭也没吃成，和男朋友一起走了。

听完这件事，朋友们都心有余悸，吃过石锅鱼的人都知道那盆汤有多烫，无论是烫到谁都无法忍受。

“可见，家长对孩子的教育真的很重要，自己竖立了好榜样孩子才会跟着学好。”一位朋友如是说。

孩子是家庭重要的一部分，家长的所作所为更是孩子们学习的榜样。无论上多好的学校，受多好的教育，都不如家长的言传身教。

有次过马路等红绿灯时，我看到一位刚上小学的小朋友，拉住自己的母亲让她不要闯红灯，还背书似的将闯红灯的后果告诉给她母亲。路人纷纷侧目，给小朋友点赞。母亲红着脸，当着众人对小朋友保证，以后会遵守交通规则，做一个合格的大人。

这一幕很温暖。

长大后我们可能会不屑于这个世界的规则，仿佛遵守这些规则就会被定义成“老实人”，而时代不知怎么就将“老实人”定义为“无用”的代表，所以总会有些跳脱。可是当我们看到连小朋友们都明白的道理时，身为大人的我们怎么会不惭愧?

我们只有做一个遵纪守法、懂文明讲礼貌的“合格大人”，才有资格教育小朋友。而这样家庭教育出来的孩子，也会懂事孝顺，惹人喜爱。

第五节

不要和妻子讲道理，她只需要你划清阵地

我们常说，老公和老婆讲道理的结果是：讲赢了道理，输了老婆。当然，这是句玩笑话，大多数女性还是讲道理的。只是男女双方大脑结构不同，也就决定了男性会更理智，而女性的理智大多是在感性之后才会有的。

很多男性在恋爱的过程中会觉得，女生怎么不讲道理呢？吵架也应该把事情揉开了慢慢说清楚谁是谁非。可感性决定了大多数女性在争执过程中，吵的是一个态度。首先，需要有一个明确的态度就是：你爱她。

李都很苦恼，妻子小玲和同事有了分歧，在例会上吵了起来，回家后就向他抱怨那个同事有多过分，并且将他做的每件事一一念叨给李都听，

并且让他评评理。可是她所说的那些事，在李都听来都是可以有更好的解决方法，而且也不是对方一个人的错。至少他这个局外人看来，妻子也有过分的地方。

于是他听完之后，很认真地说："我觉得吧，你们都有错。"

小玲说得正激动，她听完李都的话瞬间静了下来，连表情也冷了下来。李都丝毫没有察觉，又继续说道："你看，就以那份报告来说，你也说是他的工作，可是为什么你要去插手呢？职场上很多时候我们都会'好心办坏事'，如果你……"

"所以连你都觉得是我的错了？如果不是我多事就不会引发这么多矛盾对吗？你现在开始觉得我多事了？哦，对，你早就觉得我多事了，就像上次……"

战火突然就引到自己身上，李都始料未及。还没来得及反应和解释，小玲怒冲冲地进了卧室，反手就要锁门。

"你怎么就不讲道理呢？我只是跟你分析事情对错，并没有偏向谁，我也是为你好，不想让你下次再遇到这种事，要不是担心你，我干吗说这么一大堆？你怎么说翻脸就翻脸！"李都气急败坏地挡住门不让她关上。

"我在公司受了委屈，回来还要听你的教训吗？就算我也有不对的地方，但至少你作为我的老公，不是应该先安慰我吗？你这么会主持公道，怎么不去当法官！"小玲冲他吼道。

"不是你说让我评评理的吗？"李都一脸无奈。

"我让你评理，不是让你帮着外人来数落我，你就不会站在我的角度考虑一下吗？难道这件事全都是我的错？我不想再跟你讨论了，反正，你就是向着别人，一点都不在乎我的感受。你是不是已经不爱我了，否则怎么可能看着我受委屈还要帮别人数落我？”小玲说着说着眼睛就红了。

“我就事论事怎么又扯到爱不爱你了？真搞不懂你们女人都在想什么。”李都轻声嘀咕。

“反正我就是心里不爽，你向着别人让我更不爽，你又不是我的领导。数落我之前你至少先明白自己是什么身份，我是你的妻子，不是你的下属。我现在需要的是安慰，不需要你跟我讲道理。你每次都这样，明明知道我伤心难过，还一堆破道理，我再也不理你了……”

小玲一个抱枕扔了出来，李都反手接住，紧接着传来门反锁的声音。

今晚又要睡沙发了……

有许多“李都”都曾经为类似的事烦恼过，明明她是和别人生气，为什么最后受罚的是我？明明我只是在讲道理，以公平公正的态度来看待这件事，为什么最后还是惹毛了她？

其实家庭不是法院，不需要“李都”来决定谁错谁对，更不需要分析这中间哪部分是属于对方的错，哪部分是属于妻子的错。大家都是成年人，她并非不知道在这件事中，她也存在过错，她所有的讲述只是表达自己的委屈，然后需要一份安慰而已。

可是李都忘记了自己首先是妻子的丈夫、依靠、港湾，其次才是一个局外人、旁观者。他如果先安抚妻子的情绪，让妻子心中的委屈得到发泄，然后再跟她讲道理，得到的结果一定不一样。

李明晚上一回家就看到媳妇华菁坐在沙发上抹眼泪，连包都来不及放下就跑到她的身边，先是抽了纸巾为她擦眼泪，然后将她搂进怀中，沉默了一会儿，感觉到媳妇的情绪平稳后才问："怎么了？是谁欺负我家大宝贝儿了？"

这样肉麻的话，在平常李明是很少说的，但在这一刻却十分有效果。华菁听着又是哭又是笑，轻捶了他一下才将整件事情说出来。

原来李明的媳妇也是在公司里受了气，一份文件分好几个流程，需要几个人做，她做得最多，也是最后一个做完的，一般都是最后完成的人签字并交上去。可是后来这份文件被发现有个错误，给公司造成了损失，明明是别人做的部分出了错，可最后挨骂的却是她。甚至其他做文件的人在她挨骂的时候纷纷推脱，把责任撇得干干净净，没有一个人站出来承认错误。

因为分工比较繁杂，一时之间也不知道究竟是谁出的错，所有的责任和惩罚都由她来背，被领导在例会上点名批评不说，还给人留下了工作能力不行，不认真不仔细的印象。

"怎么可以这样呢？这些人太过分了，还有你那个领导，都不分是非的吗？这样的人怎么可以做领导？还不如让我老婆来做呢，至少亲爱的你是非分明，会将责任落实到个人，而不是随便找一个替罪羊！"李明义愤填膺，一副恨不得现在就找她领导理论的架势。

话说到这里，华菁的眼泪已经止住了，只是脸上还挂着委屈的表情。

“还有你那些同事，出了错连站出来的勇气都没有吗？怎么就知道欺负我善良的老婆！太过分了，老婆，如果你不开心咱就不做了，大不了休息一段时间，老公养你，等你想上班了咱再找工作。我老婆这么优秀，他们上哪儿找这么出色的员工，如果你离职了，你们领导肯定会后悔得捶大腿。”

“哪有你说得那么夸张！”华菁被逗笑了，抹干眼泪，心情也好了很多。

看着李明愤愤不平的样子，华菁反手拉他坐下：“其实这件事我确实有很大的责任，文件最后是我签名的。一旦签名就代表了这一整份的文件都是我负责的。按理来说我应该检查前面的内容，像这样的低级错误是不应该犯的，只怪我太盲目自信了，以为这么简单的问题不会出错，是我马虎了。虽然我心里觉得特别委屈，但公司让我承担后果，并且被点名批评，也是我应受的处罚。而且我们领导哪有你说得那么差，她平常很照顾我的。”

“不行，让我老婆受了委屈就是不行，辞职辞职！让他们后悔去吧！”李明假装大声嚷嚷。

“喂，可以了啦。再演就不像了。”华菁看他一脸逗趣的模样，心里的委屈烟消云散，她嘟着嘴白了他一眼，“再说，我们公司发展得这么好，我才不辞职呢。”

“好了好了，不难过了就好。”李明抱着她，轻轻拍打着她的背，表情变得认真起来，“我知道你想实现自我价值，所以我不会轻易说让你辞职的话。只是如果你不开心、受委屈，我还是会心疼，会想保护你。对你来说，可能只是工作上遇到一个小挫折，可是对我来说却觉得是别人在欺负我老婆。但你说得很有道理，如果我是你，我也会这样想，只是事情放在你身上，我才会这样冲动，所以，不管你做什么决定，我都会支持你，只要你开心。”

那一刻，华菁觉得自己幸福极了。

她认真检讨了自己的不足，主动写了一份长长的自我检讨，并且保证以后一定会仔细检查每一份文件，连同改正好的文件在第二天交到了公司，除此之外，她还列举了一份补救方案，得到了领导的肯定，并且在例会上表扬了她，称赞她知错就改，不推卸责任，积极解决问题，并且明里暗里批评那些推脱责任的员工毫无责任心，让所有员工向华菁学习。

很多人会觉得，吵架只知道吵情绪那就没有意思了，只有讲道理才是处理问题的有效方式，于是很多夫妻一遇到抱怨、争吵，张口就是讲道理。可是道理谁都明白，哪怕是做错事的一方，也会难过，也会委屈。

一个人一旦向你倾诉自己的委屈不甘，就说明这个人是极度信任你的，现在的她需要的是安慰和理解，而不是你长篇大论谁是谁非。在外时，她可以讲道理、辨是非，有可能比“李都”们分析得还要细，可是那些藏起来的委屈和脆弱，只会在最亲近的人面前释放。

所以，当我们遇到亲近的人倾诉委屈，吐槽负能量的时候，不要急着分析谁是谁非，先试着安抚她的情绪，等她委屈的泪水流完之后，不用多费口舌，所有的是非对错都会拨云见日。

第六节

批评对方之前，要先学会自我批评

在日常生活中，很多纷争都是由一句不合时宜的话引起。

我们经常看到别人的不足，放大旁人的缺点，却很少检讨自己是否也有不足之处。不管是在家里还是职场中，脱口而出的批评会在第一时间引起别人的反感，一句不经大脑的指责就有可能引爆一场硝烟弥漫的纷争。

一段美好的感情，一个美满的家庭，一段珍贵的友谊，一份称心的工作，都有可能因为我们经常脱口而出的批评指责而终结。

缺点总是在别人身上看得最清楚，我们很多时候不是不愿意承认自己的错误和不足，而是很难看到自己的缺点。有时候被别人指出来，才会发现，原来自己和别人一样，也是会犯错的。

在网上看到网友们带着爱意吐槽自己的母亲，说道理总是母亲的，其中有一个段子流传得最广，那便是“一杯水”的道理。

母亲来到儿子的房间，不小心踢翻了放在地上的一杯水，母亲大怒：“这里是水杯应该放的位置吗？”

儿子来到母亲的房中，不小心也踢翻了母亲放在地上的一杯水，还没等儿子开口，母亲又说道：“眼睛不会看路吗？地上有水杯看不见吗？”

儿子无语，只能说：“瞧，母亲总是这样，她总有道理。”

当然，这只是一个段子，大多数网友在看这个段子的时候都会笑着说：“瞧，这不就是我妈吗？一模一样！”但这并不影响我们依旧爱自己的妈妈。

如果这个段子发生在一对关系不好的母子身上，得到的结果则完全不同。

阿全今年14岁，他和老妈吵了一架，赌气离家，出门时将门甩得震天响，似乎只有这样才能表达他心中的不满。

他觉得妈妈实在是不讲道理，而且无论他怎么做永远都是错的。同一件事，明明错的是妈妈，可妈妈总有办法把错误推到他身上来。

这一次让他爆发的原因是妈妈钱包里少了100元，妈妈问都没问他，劈头盖脸一顿指责：“我包里的100元怎么不见了？今天家里就我们两个人，肯定是你拿的。你要钱不会跟我说一声吗？怎么能私自从我钱包里拿钱呢？我从小是怎么教你的？”

“什么 100 元？”阿全一脸莫名其妙。

“你还跟我装，明明就是你拿的，还不承认。你这孩子怎么越来越不像话了！”阿全的妈妈厉声斥责。

这样的不信任让长期对妈妈有怨气的阿全干脆不否认，直接说：“是，就是我拿的，怎么了？”

他的态度让母亲更生气，拿着鸡毛掸子恨恨地朝阿全身上打去：“你这不是拿，而是偷！小小年纪不学好，竟然还学会偷钱了？你真是气死我了！我打死你个臭小子！”

火线一点即燃，阿全和妈妈从小声争执到后来大声争吵，再到大打出手，闹得鸡飞狗跳，一直闹到阿全的父亲回家。

他听完事情经过，皱眉看着妻子，问道：“早上走的时候不是跟你说过吗，钱是我拿的，你怎么不分青红皂白就打孩子呢？”阿全的妈妈一愣，这才想起来早上丈夫出门上班时曾对她说，从她包中拿 100 元，当时迷迷糊糊应了一声也没放在心上，醒来就忘得一干二净。

水落石出，阿全的妈妈有些尴尬，沉默了一会儿之后想要道歉，一抬头看到儿子愤恨又委屈的眼神，开口却变成：“不是你拿的你干吗要承认，你这不是存心气我吗，把我气死你就开心了是吗？”

阿全哑然，委屈的泪水夺眶而出，转身跑了出去。

许多家长为了建立自己的威严，总是很难放下身段向孩子道歉，有时候明知道是自己错了，心中也是愧疚的，可还是无法开口向孩子说一声对不起，并非不想道歉，而是放不下面子。

就像阿全的母亲，如果一开始对孩子的问话不是指责，而是询问一句“我包里少了一百元，你有没有看见”，也许孩子就不会生气，而是会跟她一起回忆在哪里丢了这一百元。

如果在知道结果后，能对孩子说一声“对不起，是妈妈误会你了”，相信最后也不会闹到这个地步。

但是以上两个故事却从另一个方面说明了人们在批评指责别人的时候，永远看不到自己的错，或者说，哪怕看到了，也不愿承认错误。

但在生活中，我们遇到更多的例子是，同样一件错事发生在别人身上，那是别人的错；发生在自己身上，那也是别人的错。

自己怎么会有错呢？

这是先入为主，也就是把自己放在了比别人更高的位置上，一旦地位对等，得到的结果就会完全不一样。

比如夫妻之间。

我们常说，夫妻之间本无大事，很多夫妻间的感情除了被时间、生活慢慢消磨之外，大多数是被无数小事慢慢消磨殆尽的。

刘博和媳妇小欢在街头大吵，起初只是因为小欢想吃冰淇淋。但因小欢身体不好，医生叮嘱过尽量不要吃凉的食物，所以刘博板着脸拒绝：“自己能不能吃不知道呀，你还是小孩吗？”

这一句不大不小的指责，引得周围排队的人都看了过来，甚至还有几个交换眼神露出一副看好戏的样子。

小欢被人看得脸上火辣辣的，一下就沉下了脸，指着刘博说："我今天就要吃怎么了？我花自己的钱吃进我自己的身体，不关你的事！"

刘博觉得委屈："我分明是为了你好，你怎么还骂起我来了？"况且这么多人，一点面子也不给他，当时就跟她争吵起来。两个人从队伍中间吵到队伍旁边。最后小欢将手里东西砸向刘博，头也不回地走了，留下刘博在原地尴尬。

他是慢慢走回家的，到家时小欢坐在沙发上，双眼通红。原本想要责备的话却说不出口。

倒了杯热茶送到她的手中，他蹲下身子温柔地说："老婆，今天的事是我不对，回来的路上我就一直在想你到底为什么生气。后来我才发现，我因为你在外面不给我面子所以发火，可是我第一句话就没有给你面子，让你在那么多人面前难堪我居然没有发觉。是我的错，所以请你原谅我这个木头脑袋，我保证下次不会再这样了！"

几句简单的自我批评就让小欢消了气："其实你不凶我，我根本不会生气。"

"是是是，今天都是我的错，我跟你道歉。"刘博先是认真道歉，然后慢慢说道，"虽然我有错在先，但我也是关心你，一着急才会语气不好。你想一想，你是不是也有不对的地方？医生说过你不可以吃凉的东西，你还是控制不了。我嘴笨不会说话，但我是真的担心你的身体。如果你在我说完之后，直接问我干吗说话这么难听，我们是不是就不会争吵了？”

小欢一想，可不就是这样吗。

小欢刚认识刘博的时候他就是这样一个嘴笨的家伙，和自己在一起之后已经改了很多。最重要的是，每次他说错话之后，都会认真反思，并且真正改过。

从那次之后，一旦刘博说话伤人，小欢都会先按捺住自己的脾气，然后告诉他，他的话让她不舒服了，并且跟他说应该怎么说话才会让人心里好受。他都听进去了并且照做，而她也在慢慢改变自己的脾气，两人相处越来越和睦。

批评别人之前，先学会自我批评。

人的一生中，自我批评是一种反思，也是一种进步。

在事情发生的时候，先想想自己是否也有错，那么在批评对方之前先自我批评，效果则会好很多。

很多夫妻之间经常发生争吵，多数都是因为单方面的指责，而另一方并不接受。如果我们在争吵之前，先想一想这件事自己是不是也有做得不好的地方，然后先自我批评，再指出对方的不足，是否会让人更容易接受?

我和妻子也经常争吵，每次回家屁股还没碰到沙发，妻子就跳起来指责我“跟你说过多少次了，进门先换鞋，怎么就是记不住”，要么就是“换下的衣服怎么又乱扔，脏的、干净的衣服都混在一起，你就不能分开放吗”“你看你这臭袜子，换下来扔进盆里行不行”。

我辛苦工作一天，到家累得只想快点坐下休息，可每次迎接我的都是妻子的指责，有时当着孩子的面，照样不给我面子，这种日子谁受得了。

最初我会跟她争吵，小小的矛盾经常爆发成家庭战争。

后来有一次，妻子回了娘家，我周末在家闲得无聊，就主动把地板拖得干干净净，收拾了一下屋子，儿子玩够了回来时鞋子不换就跑进来，地板上多了很多脚印。

我气得当场揪住臭小子揍了一顿。

我辛辛苦苦忙了大半天，这会儿又得重新拖地了。这孩子平时不是很自觉的吗，真是一点都不珍惜我的劳动成果。

谁知小家伙直接说：“爸爸你每次回家都不换鞋的呀，反正妈妈不在，那我们俩都不用换鞋了，你干吗还揍我？”

我一愣，想起自己平时的行为，将心比心，才知道妻子的不容易。

从那以后，每次听到妻子的指责之前，我都会先自我检讨，然后再跟妻子指出她的话让我觉得不舒服。

没过多久，我们之间的争吵减少了很多，妻子也不会当着孩子的面指责我，说话也不会那么难听，让我难以接受，夫妻感情也增进了很多。

说话从来都是一门学问。

同一件事有些人可以说得令别人心花怒放，而有些人只能令别人连翻白眼。

夫妻间的相处更是一门很深的学问，但无论这门学问有多深，最好的结果是双方在摩擦争吵中，找到合适彼此的相处方式，并且一同成长，才能越变越好。

第七节

高情商，能提升对方和你相处的幸福感

我们总说有的人情商高，有的人情商低，可情商到底是什么?

情商看不见也摸不着，只能去感受。最直观的感受，就是说话。和一个人相处时，他的话是令人舒服，还是让人膈应?

和情商高的人在一起相处，很轻松，也很自在。

和情商低的人在一起，虽不至于分分钟被惹毛，但时不时总有些不舒服。

有些人总是抱怨丈夫下班不回家，宁愿加班也不愿跟自己待着；一下班就玩游戏，半句话都不愿与自己多说；从来不陪自己逛街或者散步，总是和兄弟出去喝闷酒；丈夫没有责任心，不管孩子，不做家务，不愿和自

己聊天谈心……

事实上，高情商和语言技巧、语言思维密不可分，在一个家庭中，高情商直接决定了这个家的幸福程度。

人们总是喜欢和让自己舒服的人在一起。

家里如果总是充满欢声笑语，会让一个在上班的人从还没下班就开始想念家里的温暖；如果妻子让他们感觉身心愉悦，那么和妻子的相处就会变成一种享受；如果觉得丈夫不顾家没有家庭责任心，那么除了男士本身有问题外，身为女主人，也该检讨自己是否没有让对方感受到归属感。

林风下班后，又一个人站在窗前发呆。

他一想到回家要面对妻子美凤那张阴沉的脸，就反感得厉害。可是他知道自己不能在公司里多待，不然晚上回去美凤一定会死缠烂打地追问他去了哪里，跟谁在一起，这让他觉得很累，可是又没有办法，只有心里越来越深的疲惫和逃避感越发清晰。

他叹了一口气，出了公司没有直接回家，而是在外面吃了晚饭。虽然知道美凤一定做好了一桌子热腾腾的饭菜在等他，但一想到餐桌上美凤那长达半小时念叨，他就没了胃口，宁愿在外面随便吃点什么，也好过受美凤的念叨。

回家刚打开门，美凤就沉着脸迎了上来："你们五点下班，你看看现在都几点了？从你们公司到家里最多十分钟，爬都爬回来了吧？你倒好，一直磨蹭到快八点，你看看，一桌菜全凉了，全家老小陪着你挨饿，你说说，你这两小时跑哪儿野去了？”

林风看了一眼满桌的饭菜，还有饭桌前拿着小碗等着吃饭的五岁儿子，心里闪过一丝愧疚，解释道：“这不是才七点半吗？下班有点事耽搁了，饭我不吃了，和客户吃过了。你怎么一天就知道没事找事？”

“客户客户，都下班了哪来的客户？你三天两头在外面吃，这家你是不是不想要了？你就是嫌我念叨你才在外面买着吃是不是，你当我不知道吗？你要是嫌我烦，就别做那些让我生气的事儿啊。我辛辛苦苦做两小时的饭菜，你看都不看一眼，心里还有我的位置吗……你现在就是嫌我老了，烦了，看不惯我了，我做什么你都觉得我没事找事……”

美凤叫嚷个不停，林风只觉得一个头两个大，他顿时来了气：“我说了有事，信不信是你的事，我回房间了。”

说完，他摔门直接回了卧室，紧接着门外传来妻子的哭骂声。

累了一天的他，当下只觉得更加疲惫，甚至觉得应付妻子比工作一天还要累，他恨不得直接住在公司里。

他不是没动过离婚的念头，可妻子任劳任怨，除了脾气大、爱念叨、爱抱怨、天天给他甩脸子之外，也没什么大错，这离婚也没什么由头，但这种日子对他来说，简直是折磨，他觉得自己快得婚姻恐惧症了。

他打开电脑，进入自己的博客，把心情一点点记录在博客里，仿佛只有这样才能让内心的压抑得到些许释放。

“刚到家迎接我的就是美凤的数落，这也是预料之中的事，其实我也想做个好丈夫，一家人其乐融融，可这么简单的诉求，对我来说却遥不可及，连我自己都不知道哪里出了问题。每次看到美凤哭泣的脸和生气的表情，其实我也觉得愧疚。但她越这样，我越想要逃避；她越数落我，我越感觉厌烦。如果她的脸上多一点笑容，我想我的心情会好很多吧……”

林风写完后正打算关掉网页，突然发现下面有个人留了言。

“这位大叔，你情商也太低了吧。我就想问一句，没结婚的时候，你妻子一定不是这样的吧，你们也曾有过幸福时光吧？不然你们怎么可能走到一起呢。你妻子变成今天这样，其实你有很大的责任。就像你一样，你也喜欢和让自己开心的人相处，你让你的妻子不开心了，她自然不可能给你好脸色。你仔细回想一下你们的当初，如果想要你妻子改变，那么你自己就要先做出改变。笑容，是会传染的，幸福是会蔓延的。你想要的，都在你自己的一念之间。”

林风一愣，想起自己和美凤谈恋爱的日子，那时美凤爱说爱笑，他当初爱上她，就是因为她的笑容。可是后来不知道怎么了，美凤慢慢变得不爱笑了，慢慢地越来越爱哭，越来越让他厌恶……

但换个角度去思考，自己是不是也让美凤越来越厌恶了呢？

“情商低？那我应该怎么做？”他回复。

对方很快回复道：“算了，你们男人没几个情商高的。我就大发慈悲教教你吧。记住，说好听的话是打开幸福大门的钥匙。每天一句好听的话，带你走进幸福的港湾。例如，早上一句早安，一个早安吻。回家一句我回来了，或者老婆辛苦了。晚上一句晚安，外加我爱你。大叔，懂了没？其他的自己慢慢领会吧，幸福是需要营造的。你只要记住，人们都喜欢和让自己愉快的人相处，加油哦！”

一句“我爱你”让林风羞红了脸，他都记不得多少年没对妻子说过这句话了。

仔细想想，这些年自己确实没说过什么好听的话，虽然把妻子的辛苦都看在眼里，但他从来没有表达过对妻子的认可和欣赏。从什么时候开始，妻子变成这样的？不就是从慢慢消失的甜言蜜语，慢慢断绝的浪漫举动之后吗？

想明白之后，他强忍着内心的别扭，推开卧室门，过去抱着又哭又闹的美凤，安慰道：“亲爱的，是我不对。以后我不会这么晚回来了。你做了一大桌子菜，我看都没看，真是太过分了。”

美凤一愣，连哭都忘了，不敢相信地问：“你刚刚说什么？”

“我说，我爱你。”

美凤的脸“刷”一下红了，刚才的火气瞬间消了一半，嗔怒道：“刚才不是脾气大得很吗？你这是吃错什么药了，我不吃这套，你不回来吃饭就别吃，我才不会惯着你。”

“老婆，对不起。”林风见美凤面色缓和，差不多消了气，抱着她说道，“老婆，我饿了，本来都吃饱了，闻到你做的饭菜这么香，又想再吃点。”

“一天就知道吃，你饿死鬼投胎的啊？”美凤把他一推，白了他一眼，擦掉眼泪道，“等着，我把菜再热热。”

美凤一边说，一边往厨房走，可是他却看到美凤眼底闪过一抹柔和的笑意。

这一抹笑，让他内心的愧疚更甚。他暗暗决定，以后一定早点回家，多说一些好听的话，这样美凤一定会回到以前的样子。

第二天一下班，他就回到家里，开门不等妻子找借口骂他，就立刻先开口："老婆，我回来了，好想你。"然后跑到厨房抱着美凤的腰说道，"做什么好吃的，我都快饿死了。"

美凤一愣，锅铲差点掉在地上，刚刚准备数落他的话早就飞到了九霄云外，又想怒又想笑，半天才应道："饭马上就好哦，你累了一天，先在沙发上歇息一会儿。"

"好的，老婆辛苦了。"林风说着，在妻子侧脸落下一个吻，看着美凤的脸瞬间红成了蜜桃，突然心情变得极好。

以后他按照那位网友教他的方式，随时随地营造属于他和美凤的幸福感，家里的欢声笑语越来越多，两人的感情也越来越融洽。以前让他觉得厌恶抗拒的家，现在充满了魔力。一想到回到家中，迎接他的一定是妻子温柔的笑脸和热腾腾的饭菜，他的嘴角就会不自觉的上扬。

高情商，就是提升对方和你相处的幸福感。

幸福感提升了，夫妻间的关系自然融洽，无论是生活还是婚姻，任何人都乐意和带给自己快乐的人相处，也喜欢和肯定自己的人相处。就像很多人都喜欢听表扬的话，妻子喜欢听甜言蜜语，孩子喜欢受到家长的表扬，朋友喜欢被周围的人肯定……

情商高的人，无论是在生活中，还是在职场中，都会被更多人喜爱和接受，也会交到更多的朋友，高情商对人的助益和影响是无形却真实存在的。

那么，怎样分辨一个人的情商高低？说话，就是最直接的感受方式。

虽然高情商看不见摸不着，但在日常生活中，特别是在家庭、社交和职场中，高情商的影响力却是巨大的，它对人们的生活、升迁、人际关系等有很直接很重要的影响。

小张的单位最近主管位置空缺，她觉得以自己的业务能力当上主管肯定没有问题，于是毛遂自荐，提交了申请报告。她胸有成竹，就等好消息了。可是过了几天，她发现自己竟然落选了，这让她无法接受。整个公司还有比她能力更好的人吗？这不可能！

她怒气冲冲跑到领导办公室问个清楚。

领导给她的答复是：业务能力没有问题，但人际关系不好，没有凝聚力，带不好一个团队。

小张困惑，她怎么就人际关系不好了？

平时和大家相处不说亲如一家人，也算是公事公办，她从来也没为难过谁，也没跟谁发生过矛盾或者争执，怎么领导就评估出她带不好一个团队的说法？

小张百思不得其解，下班后她拉住平常关系还算不错的小谢，问她是不是有人和领导打小报告了。

小谢称不知情。

小张生气地将领导的答复告之，小谢才说：“你别多想，这肯定不是谁打小报告了，主管的位置大家都想上，但领导肯定是要评估综合能力的。”

这不就是说她综合能力不足？同时也证明了小谢也认同这个评估的结果。

“你的意思是你也觉得我能力不行了？”她顿时不高兴了，觉得这个朋友真是白交了。

“我没有这个意思，但领导都那么说了，肯定有他的理由。我们作为员工，只能听上面的调动，能有什么办法呢？别生气了，气坏身体不值当。”小谢安慰道。

她有气没处发，小谢的言辞又没有什么漏洞，她只能生气地瞪了小谢一眼，转身走了。

之后的几天，她对谁都没有好脸色，工作起来也不如从前上心，见谁都恨不得呛两句才舒服。

筛选结果公布后，小张发现主管一职竟然是小谢当选！

小张气不打一处来，觉得小谢两面三刀，人前一套背后一套。小谢一定是知道最后人选，当时才跟她那么说，真是太虚伪了。现在好了，明明能力不如她，职位曾和她一样的小谢，一跃成了她的顶头上司，她不服。

这口气咽不下去，小张对小谢安排的工作更是不配合，暗地里没少使绊子。

一个月后，小谢把她叫到小会议室，关上门丢给她一个文件夹，自己坐在一旁喝茶，一句话也没说。

小张不屑地看了她一眼，打开文件夹，上面是当初选举的时候，关于主管的不记名调查，资料还有些温热，显然是刚刚打印出来的。

“业务能力很强，行动力也很强，但脾气太大。不支持。”

“总是不好好说话，动不动喜欢问‘你能明白我的意思吗’‘你听得懂吗’，好像别人都是白痴似的，不支持。”

“说话太呛，明明一个组的，动作稍微慢一点就会被当面训斥，自以为自己有多了不起，同等职位都这么嚣张，当了主管还得了？不支持。”

“有点自以为是，自己错了也能辩三分理儿，别人错了就千万个不该，不是脑子有坑，就是光长脑袋不长脑仁，不支持。”

小张越看脸色越难看，这些话她平时都是脱口而出的，但是事后她也都道歉了，当时大家都没说什么，怎么……

“领导对你最近的表现很不满意，让我找你谈话。领导的意思是，不要把个人情绪带到工作上来，如果你不想在公司做的话可以离职。不过，公司还是很欣赏你的业务能力的，所以让我和你好好聊一聊。我知道你一直不满意我当主管，觉得我能力没你强，是我在背后给你捅刀子。可是你看一看，咱原来的组员一共才几个？一个人说你有问题可能是误会，那如果人人都说你有问题呢？你应该好好反思一下了。”

这些不支持的调查，像一个个巴掌打在她的脸上，小张觉得委屈，自己当时只是为了让他们不再犯错，而且还积极帮他们改正问题了，他们不感谢她就算了，竟然这样对她。她并无恶意呀！而且，就算她态度差了点，这一切都只是为了工作而已啊！

“你听明白了，需要我再说一遍吗？”

“你……”

小张条件反射地就想呛回去，但立刻回过神来。

这不就是自己的口头禅吗？

原来听到这句话，人心里这么不舒服，小张碍着面子说不出软话，只能丢下一句：“我知道了，以后不会再为难你了。”

她抱着那些“不支持”走出了会议室。

我们常常觉得，心直口快又无恶意的话，有必要这么在乎吗？可当轮到自己的时候，才能明白个中滋味。

说话之道，不是为了颠倒是非，也不是为了在辩驳中让自己站在更有利的位置上，而是以说话之道来辅助相处之道，将自己真实的想法更完整地表达出来。让自己的初心、真心能够更直接地摆在对方的面前，减少争吵，使感情更加坚固。

楚姑娘的丈夫是个榆木脑袋，心里想的和从嘴里表达出来的完全是两个意思。他俩刚在一起的时候，楚姑娘总觉得他是不是有其他的意思，后来发现这家伙根本就是直肠子，想到什么就说什么，连个弯也不会拐。虽然庆幸和这样的人在一起生活不必担心对方玩心眼，但有时还是会被他气得哭笑不得。

那天，两口子庆祝结婚周年，买了个蛋糕没吃完，想着平常总是晚上出去遛狗，虽然尽量小声但还是怕影响到邻居，于是楚姑娘说干脆送些蛋糕给邻居好了。

端着蛋糕盘子敲门，邻居客气了一下，丈夫开口就说："没关系，反正你……"

"我们挺不好意思的，平常晚上出去打扰到你们了。我们会尽量小声点，如果影响你们休息了，以后我们就尽量早点出去。"楚姑娘在丈夫话还没有说完就直接打断了他。然后邻居连声说"没事"，回到家后，楚姑娘这才松了口气。

她太清楚丈夫要说的是什么了，当初他俩恋爱时这句话她不知听了多少次——

"没事，反正你不吃我也是扔了，与其浪费还不如你吃了。"

是这么个道理，却怎么听也舒服不起来。

同样一句话，换了一种说法达到的效果就会完全不同。

将"你听懂了吗"换成"我有表达清楚吗"，"你还知道回来呀"换成软糯的"你回来了呀"，这样，听到这句话的人，心里就会觉得舒服很多，达到的效果也明显不同。

也许有人会觉得有话直说，直接表达出自己的内心就好，两人简简单单地相处不好吗？搞这么多弯弯绕绕，多累啊。

可事实证明，这种弯弯绕绕让你觉得累的相处方式更能营造人与人之间的幸福感。

情商高的人与人相处，比情商低的人更容易被人接受，也更受大家的喜爱。但这并不是教大家对人虚与委蛇，在对方不知道自己人品性格，而你也不知道对方人品性格时，情商高的人可以第一时间与周围的人建立友谊。

与人相处，是一门学问，更是一种人生哲学。我们在人际交往中，不仅要考虑自己的感受，还要考虑别人的感受。

如沐春风的相处，会比冷冰冰的直言相对多一分温暖的感觉，也会让你逐渐变成一个受大家喜爱的人。

说打动人的话，做情商高的人 说打动人的话，做情商高的人 说打动人的话，做情商高的人 说打

第二部分

社交篇：言语行事稳重内敛，不着痕迹成为人群聚焦点

- 迎合对方的兴趣找话题
- 切断一个话题之前，让别人把话说完是基本修养
- 再好的朋友也不要无话不谈
- 无论你有多好，都不要拿出来炫耀
- 倾听比倾诉更让人倾心
- 停止争辩，不要试图说服一个不认同你的人
- 高情商就是引入对方观点，让你的话和对方产生共鸣

EQ
说打动人的话，
做情商高的人

第一节

迎合对方的兴趣找话题

综艺节日《亲爱的客栈》里有一段很精彩，腾格尔老师来到客栈，由客栈老板王珂招待。结果两个人全程说了不到五句话，两人尴尬得手都不知道放哪儿。还好后来有位顾客拿着一把吉他过来，用音乐缓解了两人的尴尬，气氛也顿时活跃了起来。

腾格尔老师本就是歌手，所以聊到音乐时话题就多了起来。

现实生活中，我们也有许多这样尴尬的时候。

面对不太熟悉的朋友，除了低头玩手机就不知该如何打开话题。领导在接听重要的电话让你先帮忙招待一下客户，结果两个人坐着除了“喝点什么”之外，就只剩沉默；和心仪的女孩在一起，除了“吃了吗”“早晚安”，根本不知如何和对方聊天。

迎合对方的兴趣找话题，听起来很简单，但做起来要自然，并且成功地交谈并不是那么容易。

同样是《亲爱的客栈》里，嘉宾们刚聚到一起的时候，歌手武艺想找老板王珂聊天，看到他手中不时挥舞着一个高尔夫球杆，自然地就想到高尔夫这个话题，结果除了尴尬地问了几个专业术语之外，再也聊不出什么了。最后武艺在老板王珂一脸懵的情况下，“落荒而逃”。

为什么聊不下去?

来看看具体情况：他们当时刚刚聚到一起，彼此并不熟悉，作为员工的武艺跑过来找老板王珂聊天，但王柯的神情是以为武艺想要询问有关客栈的事情，结果被问到高尔夫是他没有预料到的，他没有做好“唠嗑”的准备。

这就好比上班时间你突然一脸认真地跑到老板面前说“老板，我问你个事”，老板理所当然会以为你要问工作上的事，结果你突然问了一句“你会不会包饺子”，这两件事的情况是一样的。

由此可见，聊天的环境很重要。

五十岁的刘全去参加一位老朋友的葬礼，这位老朋友是他当初在广场健身打太极时认识的，到了现场发现很多人都不认识，相熟的人都聚在一起聊天，其他人也都忙忙碌碌，没人顾得上招呼他。他一个人在人来人往的葬礼现场特别尴尬，加上现场气氛沉痛，他更是找不到一个可以搭话的人。

老人的儿子在处理老人遗物的时候，拿出来一些太极服饰还有一把太极剑，刘全见状，忙迎了过去，感叹道，自己当初就是练太极和老人成了朋友，然后诉说自己和老人认识的过往，还拿出手机，把当初和老人一起练剑获奖的视频打开给大家看。

周围的人一听，纷纷围过去，并且夸赞连连，说练太极的人果然有精气神儿，以前不知道，现在才发现练太极还能获奖，真是了不起。

大家都被引到这个话题上，一时间气氛极为和谐，刘全也没有了疏离感。

但大家的夸赞让刘全颇为自得，被人夸得上了头。大家连连追问，让刘全的存在感更加强烈，他不由得忘形起来，并且一时兴起，拿着老人的太极剑给大家现场演练。

原本大家都心情低落，怀念故人，可刘全不顾环境，不顾场合，直接兴高采烈地给大家演示。这样一来，很快大家的神情就变了，只觉得这人不礼貌，不知情的人更是觉得这人没分寸，在这么严肃的场合摆弄剑招，亵渎亡者。

没多久，就有人看不顺眼了。

有人感叹道："老杨走得可惜啊，这也太突然了，原本身体好好的，看视频上的他多精神啊，咋说没就没了。"

还有人冷声道："都说练太极的人身体好，但人上了年纪，不服老不行啊，多好的身体也没用，太极练得好有什么用，谁都逃不过生老病死。"

又有人接话："我说老杨也真是的，练什么太极啊，有这些时间，还不如多陪陪儿孙来得实在。"

很多人都纷纷附和。

刘全一听，立刻停止了舞剑，沉下脸反驳："谁说练太极没用，想当初我天天生病，一年到头离不开药罐子，可自从练了太极，身体倍儿棒。再说老杨，当初也是天天嚷嚷着腰疼，自从练了太极，再没听他喊过了。"

"听说老杨就是因为耽误了治疗才突然离世，要是早早去医院检查，也不会说没就没了。我看啊，全都赖这太极，有病不去看医生，这才延误了治疗时机。"旁人呛声道。

"虽然老杨走得突然，大家都很悲痛，但练太极有什么错，也不能全赖在这上面，现在新闻都说多锻炼对身体好，你这是无知。"老刘和那些人在逝者的葬礼上争吵了起来。

后来还是老杨的儿子劝架，大家才没打起来。但老人的儿子婉转地表示不想葬礼被打扰，扰了逝者安宁，并请他离开。

刘全原本切入的话题很好，引起很多人的兴趣，并且和旁人聊得投机，但他不顾场合，为了表现自己，在原本沉重的葬礼上使劲吹嘘自己，引起他人反感。甚至当场演示，不顾逝者亲人悲痛的心情，最后落得被赶走的下场。

葬礼本就是沉稳压抑的环境，大家都是为了缅怀故人，对故人的赞美不要自作多情挪用到自己身上，并且不顾大家的心情做出不合时宜的举动。

我们迎合对方的兴趣找话题，一定要先看看周围的环境是否适合这个话题，并且不能在别人的赞美中迷失了自己。

先观察环境，再观察对方的言行，然后观察对方的兴趣，迎合对方的兴趣找话题，让自己以最快的速度融入环境，成为受欢迎的人。

朋友西西是个很开朗的女孩，聚会只要有她在就很少冷场。

这天，她要去机场接闺蜜，同时来的还有闺蜜的表妹可可，但她和可可之前并不熟悉，两个人坐在露天广场一边喝咖啡，一边玩手机。刚开始还好，后来西西发现身边这个女孩似乎有点不自在，于是悄悄打量了她一番，发现她刚刚做了头发，于是开口说：“你这个发型做得很漂亮呀，我之前也想做这样的发型，可就怕理发师做不好。我看你这个烫得很漂亮，特别适合你的脸型。”

可可一听，心中自然欢喜，不由自主地摸了一下自己的头发说：“你也想弄头发呀？我之前在网上查了好多攻略，然后带着图去找的发型师，让他照着图片给我做的。”

“那你可真厉害。我也试过找发型图，结果都是‘我以为会好看’系列，发型做出来直接成了买家秀和卖家秀之间的差别，别提多郁闷了。”

说着两个人都笑了起来，气氛缓和了很多。

紧接着，西西谈起了网上流传的好几个段子，两人越聊越开心，后来可可还给西西介绍了一款 APP，可以在 APP 上试发型。两个人一起玩得不亦乐乎。等西西的闺蜜来的时候，两人正对着广场的喷泉自拍呢！

“我还担心你们不熟悉会尴尬，没想到这才一会儿就好得跟亲姐妹似的，连我都要吃醋啦。”西西的闺蜜来了之后笑着说。

对于大多数女生来说，这就是最简单也是最直接的展开话题的方法。

一个包包、一个发型、一件衣服，可以迅速拉近女生之间的距离，但前提是要善于观察，在不了解对方的兴趣时多听对方说，因为也有个别女生对此并不感兴趣。我们要先注意倾听，注意观察，然后再根据实际情况抛出自己相似的兴趣，飞速拉近彼此的关系。

对于其他人也一样，我们需要拥有一双会观察的眼睛，然后自然地开启话题。就像我们知道跟宝妈聊孩子一定没错，和职场白领聊事业准没错，和恋爱中的男女谈感情问题也一定不会出错是一个道理。

学会在对的时间对的地点说对的话，不必刻意迎合，更无须放低自己。

在陌生的环境里最重要的是放开自己，不必过于拘谨，自信是一个人树立自己形象的最好方式。如果觉得自己不够自信，那么多学多看多听，在自己陌生的领域少开口，多动脑，多听别人说，慢慢地你也会变成一个见多识广的人。

就像从前的西西，刚入职场的时候，因为不自信，经常沉默寡言，更谈不上社交高手，可是现在见了谁都可以聊得风生水起。

她记得最初和部门主管一起见客户时，整个过程除了“嗯”、微笑点头，就不知道说些什么。特别是站着的时候，双手不管放哪儿都觉得不自在。但是她的主管从进门开始就和对方亲切握手，到后面随时找话题拉近彼此的距离后才开始谈工作，整个过程十分自然，好像大家都认识很久。

她很佩服，也很羡慕，可是当主管让她自己去的时候，她却觉得自己无论如何都做不到，因为一个人的健谈是建立在见多识广的基础之上的。之后的日子，她都跟着主管多听多学，和朋友聊天也是听得多说得少，一直到后来慢慢放开了自己。

第一次独自拜见客户的时候，西西的印象很深刻，她在门外深呼吸了很久，几乎浑身都在发抖，甚至想找借口逃走，但是一想到主管的谈笑风生，便鼓足勇气敲门，做了很多心理建设才没有落荒而逃。

还好对方比较健谈，她慢慢放松下来，试着找对方感兴趣的话题，观察对方的喜好，后来很快便和对方聊到一起去了。

很多人天生就不擅长交际，见到陌生人浑身发抖，说不出一句话，紧张得手脚都没地方放，甚至还有人连接电话都会紧张结巴，这并不夸张。

但万事都有第一次，所有人都是靠着一次又一次的练习之后，才找到与人交流的办法。就像西西，她先学会倾听，然后学会了观察，最后才学会在适当的时机开口，并适时中断别人并不感兴趣的话题。

现在若有不认识的客户过来，她马上就可以从对方是开车过来还是坐车过来聊起，没几分钟大家就熟络起来。

不要因为害怕没有话题就干脆封闭自己，不去交朋友，不敢去尝试更有挑战性的工作，只要放开自己，认真去学习，你会发现变成一个能言会道的人一点都不难。天生不擅长交际的人也可以在后天的练习中成为一位口才一流的交际高手。

第二节

切断一个话题之前，让别人把话说完是基本修养

培根曾说：“打断别人说话、乱插话的人，甚至比发言冗长者更令人生厌。”

打断别人说话是最无礼的一种行为。

在生活中，爱插话、爱打断别人的话，是爱表现的心理，更是内心不自信的自卑心理，迫切地想要在别人面前表现自己，让自己受到旁人的关注，炫耀自己的博学和见多识广，想以此博得别人的好感，却往往事与愿违。

有些人习惯插话，不管别人说的是什么，总是突然打断别人说话，把话题转移到自己感兴趣的事情上去，或者将别人即将出口的结论代为说出，以此显示自己的聪明睿智，并且为此扬扬得意。

他们不知自己在打断别人说话的那一瞬间，就已经引起所有人的厌烦，因为打断别人说话，是对别人的不尊重。

安琳上大学时宿舍里共四个女生，平时大家相处得都很好，一起上下课，一起吃饭，周末逛街的时候也都约着一起，可是慢慢地，安琳却觉得大家有些排斥她，大家出去玩都不愿叫她，甚至上下课也不跟她一起。

安琳有些莫名其妙，自己明明并没有得罪她们，甚至有时还帮她们做值日、抄笔记，以前大家不是玩得挺好的吗，怎么现在大家都合起伙来排挤她？

一直到有一次她吃饭回来，发现宿舍里其余三个人在讨论即将换班主任的事，这件事她早就听高年级的一位师哥说过了，知道不少内幕，她眼睛一亮，立刻凑了过去。

“听说新来的班主任是个帅哥，而且是大学教授。你们说，怎么有这么年轻的教授，难道是传说中的大才学霸？难道我的真命大子就要出现了？”西小美一脸花痴地说。

“你偶像剧看多了吧，还天才，还学霸，还真命天子？我才不信呢，那都是人云亦云，传来传去都被你们这群人传成神话了。”小丽嗤之以鼻。

“是真的，我听说他在大学里……”

潇潇正要开口，安琳冷笑着打断她：“真什么真，他也就是在国外留学回来，在大学实习带过几节课罢了。”

潇潇的话被打断，顿时有些尴尬，但也没多说什么，只是脸色有些难看。

“你怎么知道的？我可听说他在大学里名气大着呢，初中高中连跳几级，后来去美国……”西小美连忙想将自己得到的信息分享给大家，却又被安琳打断了。

“去美国留学了几年呗，刚我不是都说了，他留学回来去大学里实习，那个大学是他的母校，他以助教的身份办过几场演讲而已。”安琳得意扬扬地说，“而且他来我们学校也只带过几周课而已，并不是长期的。”

“你怎么知道我要说这个，我想说的是，他在美国留学的时候，获得了不少奖项，没事别乱插话，显得你多能干似的。”西小美一点颜面不留地怼她。

安琳有些尴尬，讪笑了一声，没吭声。

小丽一听，忙向西小美问道：“真的吗？他那么厉害啊？那他是不是传说中的那么帅？”

西小美得意一笑：“那当然！听说当时大学里有个女生追求他……”

“我也听说了，当时有个女生为了他还闹跳楼呢，警察都出动了，闹得沸沸扬扬的。还有几个女生为了他在学校打架闹事，被学校开除了。你想想，要是他不帅，能让那些女生如此疯狂吗？”安琳着急地把自己知道的消息说出来。

谁知道，她的话音刚落，西小美就把手里的书狠狠扔到地上，怒道：“安琳，怎么哪儿哪儿都有你？你是多想显摆自己？能不能对人有一点基本的尊重。我们都忍你很久了，这次我也不想忍了，你不是想知道大家为什么跟你疏远吗？我来告诉你。多少次了，每次别人一说话你就插嘴，咱们宿舍里谁说话没被你打断过，让人把话说完你再发表意见不行吗？大家不爱跟你玩就是因为你动不动就打断别人的话，你这样特别讨厌。大家惹不起你还躲不起吗？你还追着赶着来插嘴，来来来，我们都不说了，全让给你说。”

安琳一愣，她没想到西小美突然发飙，一点面子都不给她留。她本想怼回去，但不等开口，潇潇也说话了。

“是啊安琳，我们每次一开口就被你打断，有时候两人正聊天呢，你也很大声地把话抢着说完，这让我们感觉很尴尬。开始大家都不和你抢，每次都是停下来听你把话说完。但是这样一来，其实大家都不怎么想听你说话了，因为感觉你这样很不尊重人。虽然这种感觉真的很讨厌，但是又不想伤了大家的感情，对你大家是能忍则忍，或者直接避开你，可你现在确实有点过分了。”潇潇的语气很平静，但字里行间对安琳的意见却很大。

“嗯嗯，我每次说话都会被你打断，等你说完，我都不记得我想说什么了。”小丽连连点头。

如果一个人说她有问题，那她可以反驳，可是现在大家都说她有问题，她就不得不反思了。仔细一想，自己好像确实打断过别人说话，不过怎么都没什么印象了？

“真的是这样吗？我平时都没太注意。”安琳压低了声音，也不争辩了。

“何止是这样，全班同学都怕了你了，你没感觉到吗？大概是你说得太投入，说开心了，完全不顾及别人的心情。你知道同学都怎么评价你的：爱表现、爱炫耀、爱嫉妒、自以为是、总以为自己无所不知无所不能，真以为自己多了不起似的。”西小美冷哼一声呛道。

“我从来没那么想，有时候只是着急想和大家分享我的心情和我知道的事情，真的没想那么多，大家怎么会那么看我？”安琳说完眼睛都红了，心里说不出的难受。

“让别人把话说完，是对别人最基本的尊重，懂吗？”西小美见安琳一张脸憋得通红，也有些于心不忍，撇了撇嘴补充了句，“其实你也没别的毛病，就是这一点很让人讨厌，如果你再不注意，恐怕要不了多久，全班同学都会疏远你，你自己好自为之吧。”

西小美说完，拎着包包就出了宿舍。

其余两人同情地看了安琳一眼，也跑了出去，留下安琳一个人站在原地发呆。经过今天的争吵，她仔细回味了一下，不只在学校，哪怕是在家里，在生活中，她也经常受到排挤，好像大家都不太喜欢她，可是她一直都不知道原因。

难道就是因为她习惯性打断别人的话，对别人不尊重，所以才会让自己变得人见人厌？可不知怎么回事，好像别人越是排挤她，她就越急于表达自己的想法，想获得更多人的认可。

如此循环，她说话总是抢着说，打断别人说话的毛病也越来越严重，她自己也越来越没有自信，原来问题的根源就在这里？

想明白了一切。安琳决定一定要改正这个坏习惯，每次想表达自己的想法之前，她强迫自己不要急着说，等别人把话说完，认真倾听，并且在别人说完的时候，先表示认同，然后再表达自己的观点。

这个方法果然有用，慢慢地，安琳觉得大家都喜欢跟她交流了，甚至因为她经常认同大家的话，大家也喜欢询问她的意见。

没过多久，安琳觉得自己越来越自信，她觉得自己获得了大家的尊重和认可。

她想，大概是因为她先给予了别人尊重。

让别人先把话讲完。这句话只有八个字，说起来容易，却不是每个人都可以做到。

有时迫切想要表达自己的观点，有时急于否定别人的看法，还有时根本就是不尊重别人，没有倾听的能力。

别人说话说到一半的时候，习惯性地插入自己的话，说完之后又恍过神来："咦，刚才你在说什么"，大多数人在这种情况下，都不愿意再继续先前的话题。

这种"小事"无法单独拎出来说，说了会让人觉得"小气"，这种事件又让人觉得很憋屈：凭什么你说话我就得听着，我说话你就随便打断？

这种坏习惯导致的结果就是，你在别人心中的印象分直线下降。

在家庭生活中，会直接或间接地导致家庭矛盾的产生；在社交圈子里，会让你与人接触时第一时间被人厌恶；在职场中，这种习惯带来的负面效应更是直接而明显的，在与领导或者客户交谈时，会在第一时间被排斥和拒绝。

邻居张阿姨是个心直口快、性格爽朗的人，她那张嘴不仅能会说道，而且言语十分犀利。而她的老公林叔叔偏偏是个闷葫芦，每说一句话都得憋一会儿才能完整说出来，平常见面也就是点个头，对人一笑。对于别人打招呼问候的话，都是能用肢体表达就尽量不开口。

时常在路上遇到他们夫妻俩，永远都是一人在噼里啪啦地说，另外一人闷头听着。有时候张阿姨急了，停下大声问：“问你话呢，你怎么三棍子也打不出个屁来？让你说句话就这么难吗？你这张嘴长着就剩下喘气吃饭啦！”

林叔叔被凶得尴尬，张着嘴偏偏又说不出来什么，最后闷声黑着脸，独自飞快地走回家。

有时关上门，还能听到里面传出来的吵闹声，但很少听到林叔叔的声音。大人们都说，林叔叔年轻的时候不这样，那时候虽然话不多，但见人还是会打招呼问候，有时候也会跟人聊天闲扯，偶尔夫妻俩吵架也能听到他反驳的声音。

但近几年林叔叔的话越来越少，大家背地里都说，这都是让张阿姨压迫的，连开口说话的机会都没有。

林叔叔有钓鱼的爱好，退休后经常和几个钓友到远郊的河里或水库去钓鱼，有时候还带着干粮、睡袋、简易的小锅和方便面，一去就是两三天。

大家各占一个位置，除了一起去一起回，吃饭的时候在一起，钓鱼的时候基本不沟通。但是不钓鱼的时候，几个人会约着一起喝茶，看看视频里的钓鱼教程，聊一聊哪个地方的哪个品种比较好上钩。这里的知识研究起来，可不是一天两天可以讲完的。

每当这时候，林叔叔说话就完全没有障碍了。这群人里数他的饵最好，每次钓上来的鱼也属他的最多、最大。大家都喜欢听他说，也喜欢向他讨教。

但这种聚会很少发生在林叔叔家中。

只因为有一次他口若悬河时，张阿姨突然冷冷地飘来一句："这时候你这嘴倒是巴巴地能说了，正经时连个屁都放不出来。"

这让林叔叔觉得太没面子了，而且这些钓友退休前不是单位领导就是学校老师，张阿姨一点面子不留就算了，还张口"屁啊屁"的，终归是不太文雅，这让林叔叔觉得丢脸极了。

而且在之后一段时间里，林叔叔一说话，就会被张阿姨呛几句。一场聚会，林叔叔几乎没有机会说一次完整的话。

那次之后，大家就很少去林叔叔家聚会了，倒是大家经常拿那天的事打趣他，有些还学张阿姨的样子去打断他的话，开始只是逗乐。可是后来不知怎么的，大家慢慢都很容易在林叔叔说话的时候插话，也不知是有意还是无意。

有一次林叔叔钓了一只特别大的鱼，于是大家约着上他家去吃鱼。张阿姨很热情地招待大家，还做了一桌的菜。吃着鲜美的鱼再喝点酒，简直人间美味。

吃着吃着，张阿姨就发现不对劲了，怎么老林每次话说到一半就被别人插话，而且几乎每个人都可以打断老林说话。老林满脸通红地坐在角落，笑得尴尬。

"老林，这种鱼是不是一般地方钓不到？"有人问林叔叔。

“对，这种鱼就是得在……”林叔叔话没说完就被人截走了话头。

“上次老许好像也钓到一只 10 多斤的，是不是老许？”老刘插话。

“是啊，不过还是比不上老林钓的这条，老林，你这得钓一天才能钓到吧？”老许问道。

林叔叔笑笑，应道：“何止一天，我可是等了……”

“这最少得两三天。一天？想都别想。”

瞧，老林的话还没说完，再次被老吴打断。

张阿姨哪里忍得了这个。直接按住打断话题的老吴，对老林说：“老林，把你刚才没说完的话说完，哪有这样的，话都不让人话完，太不尊重人了吧！”

若是放在平时，张阿姨哪怕再泼辣当着这么多人的面也不会发作，可是看着老林憋屈的样儿，她就是忍不了。

气氛一时变得尴尬。

“好嫂子，大家这不都是跟您学的吗，逗个趣儿，显得亲热，别当真。”幸好有人出来打圆场，但那之后就再也没有人打断老林的话。

聚餐结束后，张阿姨一边收拾，一边问：“你怎么就跟我能？在他们面前怎么一个……一个字也不敢反驳，你就是窝里横。”

“还不是平时习惯了。别人见多了，自然就学过去了。我也是习惯成自然了。”老林意外发现，自己说话竟然变得畅快起来。

张阿姨白了他一眼，心里却有些内疚。

她打断别人说话的毛病也不知是从什么时候养成的，好像是在学校里为孩子辩护养成的，也好像是在菜市场里讨价还价养成的，还像是在职场中被人误会时养成的，总之无法追溯源头。

自己也不是没吃过这方面的亏，好几次和老友在一起，她就习惯打断别人的话，有时候别人说话，她还没听完就急着反驳，或者发表自己的意见，把人家气得半死，当场跟她翻脸，她自己也跟着生气，可是下次她又忘了。

这样一来，好多朋友都被她得罪了，但这个毛病终究是没能改过来。

这次，看到老林被一个个打断说话时，她才突然发觉，也许根本就是自己的原因，他才被迫去习惯这种不被尊重的感觉。

从那之后，张阿姨就强迫自己学会倾听，再也不随便打断别人说话。哪怕她的意见不同，也都耐心听别人说完，再发表自己的观点。

而林叔叔也变得越来越健谈，似乎又回到了年轻的时候。

让别人把话说完，再切到下一个话题，这是一个人的根本修养，也是一个人有涵养的体现，更是对别人最基本的尊重。

学会这一点，不仅能让家庭和谐，还能使自己的人际关系、职场升迁，都变得更加顺利。

要学会在聆听中找到对方真正想要表达的观点，哪怕对方的观点自己并不认同，也一定有可取之处，吸取有利的观点，剔除不认同的地方，然后再完整地表达自己的想法，在倾听中不断进步，不断让自己的内涵和修养得到提升。

第三节

再好的朋友也不要无话不谈

古语有云，言多必失。

我们和人相处的时候，要明白什么话该说，什么话不该说。有时候，哪怕是关系很好的朋友，也应该斟酌用语。无论是生活中，还是职场中，一定要谨记，人前不论人短，人后不道人长，少说别人的是非。不说旁人的不好，做好这些能让自己免去很多麻烦。

有人说，女生的友谊就是建立在鞋子包包、家长里短以及各种八卦中。虽然不能以偏概全，但如果聊天的话题为同一件事，两个人又对这个事件的看法一致，确实极容易迅速拉近女生之间的关系。

小佟是刚毕业不久的大学生，相比其他同学，她的运气比较好，一毕业就进了一家比较大的公司。在公司里，她和小丽是很好的朋友。

虽然从前她们并不在同一个部门，平常见面也只是点头微笑的交情，甚至连对方名字都不清楚，但在一次公司团建中，她们无意间结下了深厚的友谊。

那次团建，小丽看到小佟不停地接电话，脸色也很难看，从谈话中可以听出来都是工作上的事。

挂断电话后，小丽给了她一杯果汁，好奇地问了一句："怎么团建还在忙工作呀？"

"对啊，原本团建前厂家就催发票了，我去要了好几次，张经理一直压着，现在人家告到老总那里去了。张经理这会儿急了，可总不能让我现在回公司给开发票吧。就算我肯，其他部门也不可能配合啊，他再着急也没有办法。所以这电话一个接一个的打过来，让我去催别的部门同事，这不是得罪人的事吗？"小佟压低声音，随口抱怨。

"唉，谁让咱只是普通员工。"小丽看了 眼远处的张经理，神秘地压低声音说，"我听说，张经理就是这样一个人，常常看不起我们普通员工，有好事自己全占了，有坏事随便拉个员工出来顶罪，不就是一个经理吗，就觉得自己高人一等了？"

这番话让小佟深有同感，两个人的关系一下拉近了。

"可不是么！就像这次的事，明明我催他好几次，他自己压着不给开，可这会儿老总追责下来，他全推到了我身上！我能说什么，只好白白受着冤，还得被他 24 小时催促。"

“就是就是，他简直太过分了。”小丽连声附和。

两人只觉得相见恨晚，从张经理聊到本部门的同事，再从本部门的同事说到清洁阿姨、门卫大叔，几乎和两个人有交集的人都聊到了。让她们没有想到的是，她们对这些人的评价惊人的一致，彼此的心一下就贴近了，整个团建过程她俩都在一起。

没过多久，小佟住的两人套间有一户搬走了，小佟想着得赶紧找个人一起合租，否则房租太贵了。小佟第一个就想到了小丽，她记得小丽说过对原来的住处不满意，如果她俩能住在一起，那她们上班、下班都能有个伴。

小佟刚提出来，小丽就同意了。两人一拍即合，小丽以极快的速度搬到了这个小套间里。

在那之后，两个人好得简直像一个人。

每天一起上下班，一起吃饭逛街，穿姐妹装，用一样的包包，偶尔换对方的衣服穿，每天似乎有聊不完的话题。公司里的人都笑她们，就连夫妻之间感情也没有她们这样好。

可人与人相处久了，总是会有矛盾，这些矛盾小到在外人眼中不值一提，可长时间相处下来矛盾不断累积，又不愿意沟通，两人的心里便有了隔阂。

本来都是一些很小的事，比如，小佟每次出去吃饭都是小佟付钱，小丽也不说自觉一点，虽然钱很少，但总让小佟觉得心里不舒服。

小丽觉得自己每次和小佟打车出门，一到付钱的时候，小佟就借故走到一边去，明显就是故意的。

小佟又觉得小丽每次洗澡用自己的沐浴露和洗发水，不是她自己的东西用起来一点都不心疼，本来这两样东西两三个月才买一次，现在半个月就用完了。甚至后来小丽直接不买了，完全用她的。

小丽却认为小佟从来不倒垃圾，每次垃圾桶都满了还堆在那里不管不顾……

闹到后来，两人渐渐不再一起上班，也不再分享自己淘到的好物，连话也变得越来越少。

逐渐降温的感情让小丽有些莫名其妙，甚至觉得这就是小佟没事找事。以前觉得她热情大方，现在看来这个人斤斤计较，自私自利，一点也不值得深交。

有次公司加班到九点，小丽想泡杯咖啡提提神。刚走到茶水间外，就听到小佟的声音，带着不屑和嘲讽："她这个人就是表里不一。我刚开始对她多好啊。你说说，她住的那个地方，脏乱差！她用我的洗发水、洗面奶，我一句都没说过她。结果她呢？你还记得上次她来咱办公室，大声指责我在背地里说小丫的坏话。真的好笑，我当时不过是抱怨一句而已，根本没有其他意思，结果她呢？当成个事儿闹得人尽皆知，小丫还专门来找我麻烦，这种人就是挑拨离间，看不得别人好！"

"你们之间会不会有什么误会呀？"

"误会？那次你也在吧，怎么可能是误会。还说我说别人坏话，当初她说咱们经理的坏话，说得不知道多开心，还说咱们经理只会欺压员工，有功全揽过去，有过全推给员工，现在好意思来说我。"小佟一脸不屑地跟同事说。

“她真那么说？这要被经理知道了，她想在公司待下去可就难了。就算别人对经理再有意见，也不敢多说一个字呢。”同事一脸讶异。

“我还能骗你吗？那都是她亲口跟我说的。而且我和你说——”带着拉长的笑声，小佟神秘地压低了声音，“你不知道吧，她一直暗恋他们部门总监。”

“不可能吧！徐总监不是都结婚了吗？”同事大吃一惊。

“谁说不可能？你别不信，这种事别人不知道我还能不知道吗？像她这种阴暗的小人，最喜欢当小三了。她还说他们部门那个谁也喜欢徐总监，叫啥来着……”

不等小佟说完，小丽便用力推开门将手中的陶瓷杯子狠狠摔在地上，双眼通红地瞪着满脸惊讶又尴尬的小佟：“小丫那次我是无意间说得大声了点，完全没有恶意，只是怕你乱说被小丫听到了生你气。你们经理的事我明明是为你抱不平，你竟然反咬一口。而且，我没有喜欢我们总监，我只是说我很佩服他的工作能力！佟玉雪，你血口喷人，狗嘴里吐不出象牙！胡说八道无中生有，简直就是个满嘴谎言的无耻小人！”

“我无中生有？你敢说那些话你都没说过吗？我说的哪件事是捏造的？明明一件很小的事，被你到处造谣，让大家以为我真的说人坏话，你这人简直太阴险了。”小佟满脸尴尬，直接和小丽吵了起来。

“那些话明明是你说的，是你说你们经理苛待你，每次让你们加班，出了错都让你扛……那次明明是你说小丫就知道偷懒，把活都推给你……

还有那次你还说小吴……”

没有厮打，两个人将彼此曾经说过的话全都说了出来，围观的人越来越多，被涉及的同事脸色铁青。如果不是她们互相指责，真不知道她们在背后都是怎么说自己的。

最后的结果是小佟和小丽都被公司开除了，而做出这个决定的人正是他们公司的经理。临走那天，没有一个同事来送她们，反而觉得幸灾乐祸。

有时候，明明是一句很小的抱怨，从另一个人的嘴里说出来就变味儿了。和任何人相处，都不要轻易说别人的不好，也不要把自己的心声毫无保留地袒露，你觉得自己是吐槽，可传出去就变成了挑拨是非，说人坏话。

无论多好的朋友，说话也要留三分。

不要轻易将自己的信任托付给另外一个人，特别是在自己都不能确保是否守得住秘密时，又凭什么相信别人会守口如瓶?

曾经友谊比天大时的无话不谈，最后有可能变成伤害彼此的武器。

不仅女生如此，男生也如此。

工作上的事如此，生活中的事更是如此。

诉说心事，不走心的抱怨，都要先看看对方是谁，如果对方是个藏不住事的“大嘴巴”，那么有些话就应该烂在肚子里。

小融最近一看到小伟，就恨得咬牙切齿，他俩以前是无话不谈的好兄弟，可现在却已经反目成仇。

原因很简单，因为小伟的原因，小融失恋了。

那次，小融和女朋友因为一件小事起了争执，两人争吵了几句，小融一气之下摔门而出。

心情不好的他找兄弟小伟喝酒诉苦。其实小融很爱自己的女朋友，虽然对女朋友诸多不满，但大多数都是生活中的小事，心里的抱怨不敢让女朋友知道。这会儿见到好兄弟，他恨不得把一肚子苦水都倒出来。

喝多了之后，小融嘴上就没个把门的，把女朋友怎么蛮不讲理、霸道又小气的事，全说了出来。小伟是小融最好的兄弟，跟他吐槽，他一点压力都没有，因为他相信小伟一定会站在他这边。

谁知，酒还没喝完，小融就收到了女朋友提分手的短信。小融一个激灵，酒也吓醒了。他可从来都没想过和女朋友分手。想当初，他为了和她在一起，追了她三年多才追到手，哪怕女朋友老欺负自己，可她依然是他心尖儿上的人。

他急忙打电话问原因，可对方怎么也不接电话。他来不及跟小伟解释就赶回去了，可是女朋友分手的心意已定，甚至说了一堆指责他的话。

他一听，这不是自己刚刚和小伟吐槽的话吗？怎么就传到了她耳朵里？

仔细询问之下，他才知道，在他喝多了去厕所的期间，小伟居然给他女朋友打了电话，苦口婆心地劝她："你不能再这样作了，你看看你把小融折腾成什么样了？他一个大男人在你面前一点尊严都没有，你怎么这么不懂事呢？你知道我兄弟都是怎么说你的吗？他说……"

“是啊，他什么都和我说了，你怎么这么过分？”

“什么？为什么不能和我说？我们是兄弟，我们认识多少年了你知道吗？况且他的心事不和我们这群兄弟说，和你说有用吗？你能改吗？”

“行啦，你就好好的，懂事点，不然改天我就给他介绍其他女孩了。告诉你，我是小融的好兄弟，见不得兄弟受这种委屈。小融是个好男人，你要好好珍惜，否则你后悔都没地儿哭去！”

这一通话，把女孩气得差点摔了手机。

小融回去后，女友又气又急，哭着要赶他走，让他找别人去。虽然他的认错态度很好，可是女友就是不愿意原谅他。理由很简单：她怎么也想不到，他心中的她又作又不懂珍惜。

她能接受和小融吵架吵得天翻地覆，第二天就能原谅他。但她不能接受他在外人面前那么说自己，彼此之间的信任因此瓦解，谁知道他还会不会对别人说出更过分的话。

小融的女友认定小融不爱自己，坚决和小融分手了。

小融找到小伟大吵一架，两人大打出手，昔日的好兄弟也反目成仇。

其实，情侣之间有点小摩擦很正常，可是一旦被好管闲事的兄弟知道，非要出这个头，就容易把内部矛盾上升，最后闹得一发不可收拾。

这个世界上，有人就会有矛盾，有矛盾就会有抱怨，我们有时并不是真正讨厌一个人，但祸从口出，很小的事情经过发酵，早已经不是当初的样子。

再好的朋友也不要无话不谈，有些话该说，有些话不该说，沉稳是一个男人成熟的标志，也是一个男人的人格魅力，人们只会欣赏那些胸有成竹却沉默少言的人，而不会对那些信口开河、说三道四的人产生好感。

说话是一种艺术，也是一种技术，更是一种智商和情商的较量。

高情商的人，一定不会让自己的语言把柄落在旁人手里。

要想做一个有人格魅力的人，就要先做一个高情商的人。少说多听多学多积累，便是走向成功的第一步。

第四节

无论你有多好，都不要拿出来炫耀

我们常说，有气场的人不在声高，一个眼神就足够；有本事的人不用高谈阔论，一个结果就说明所有；有资本的人也无须炫耀，日常间的举手投足，待人处事中就能获得他人的羡慕和尊重。

有人说，炫耀自己的才华，卖弄自己的小聪明，不过是在嘲笑别人的愚钝和无能。又有人说，炫耀自己的爱情和幸福，不过是拥有得越少才越想要炫。还有人说，想要炫耀也得有值得炫耀的东西，这本来就是人家的一种资本。

可见，每个人对炫耀这件事的看法都不同。

有人看了会反感，有人看了会觉得自己要加倍努力，追求更好的生活。

只是，凡事讲究一个度，平常生活中分享自己的生活，无可厚非，但若是追到别人眼前去卖弄炫耀，就实在太低端了。

小可有一个姐妹群，群里都是一些相处得还不错的朋友。大家经常在里面讨论自己的生活，有时候还诉诉苦。小可只和其中一两个玩得特别好，其他人也不过是聚会时才会见面聊天，所以群里聊得热闹的时候，小可也只是看着，很少回应。

那天小可正忙着弄签证的事情，和她玩得很好的朋友小年突然找她：“可儿，你在群里说句话呀。”

“怎么了？”小可觉得奇怪，平日里她也很少在群里说话，小年也从来没在意过，怎么突然找过来?

于是打开群一看，原来有几个女生得知她要去国外玩，都在问她能不能帮忙代购。

“你看人家专门问你，你一句话不说，会让人觉得你太高冷了。”还没来得及回复，小年的消息又发过来了。

小可哭笑不得。于是问那几个女生需要买些什么，如果方便她就顺便带回来。结果几个女生给她发了一串清单，大多都是化妆品，有些人居然让她买个电饭锅回来。她当时就拒绝了，对方没有再回话，她也没有当回事。

从国外回来之后，小可就发现自己的处境变得有些微妙。

首先，她们聚会也不叫她了，群里她偶尔说话，大家立刻就冷场。虽然不是很在乎这些人，但多少心里还是会有些不舒服。于是她跑去问小年，究竟怎么回事。

“还不是上次找你代购，结果你直接给拒绝了，可能你太直接了，让她们接受不了吧。不知怎么就说起你这个人喜欢炫耀，炫耀男朋友，炫耀工作，炫耀出国玩，结果让你带点东西还拒绝了。她们都在背后说，没准你那些照片都是P上去的，根本没去国外，只是为了炫耀自己过得很好才骗她们的。”

小可一听，纠结的心顿时放下了。

原来她们看到小可在朋友圈中分享自己的日常，一次两次不觉得有什么不妥，多了之后就觉得小可在炫耀，尤其是小可的话不多，显得高冷有距离感，让她们产生了一种被看不起的感觉，于是胡乱猜测关于小可的一切，恨不得将她贬到泥地里才开心。

但这对小可没有影响，她默默地退出那个群后，只和小年和另外几个玩得好的朋友保持联系。

我们不提倡刻意地炫耀，却也不必将自己原来美好的生活遮遮掩掩，更何况只是在朋友圈记录自己的生活和情感，没必要躲藏，遇到群里那些朋友时，可以像小可一样直接中断联系，过自己的生活便好。

和小可相比，拉拉的情况却是完全不同。

拉拉的家庭条件特别好，从小父母细心培养她，能写诗作画，还会跆拳道、散打，不仅如此，芭蕾、钢琴也没落下，还得了不少奖。从小她就是传说中“别人家的小孩”。凡事要争第一的她个性很强，无论什么事都要和身边的人比较一点。从事业到爱情，如果稍稍落后一点，不是责备自己就是责备身边的人，甚至是爱人。

拉拉得知闺蜜悠悠交了男友，她便提出见一见。

他们选在一家咖啡厅见面，拉拉特意准备了一身名牌衣服让男友小程穿上。等到那儿的时候，闺蜜和她男友在等他们了。拉拉打量着闺蜜的男友，一身休闲装，丝毫看不出来有什么特别的地方。她暗暗一笑，假装不经意间给穿着一身名牌的男友整理了下衣服，傲慢地坐下来。

拉拉仿佛丝毫没察觉到对面两个人的脸色变得有些难堪，开口问道："这就是你男友呀？在哪儿工作？房子买了吗？对了,你是哪儿的人呀？"

对方有些尴尬，但还是笑着试图化解这种尴尬，对着悠悠说："你这个闺蜜，是查户口的呀。"

悠悠笑了笑，给拉拉使了个眼神，不让她继续说下去。

"我不是查户口的，我经营一家小公司，效益还不错。我男朋友也是自己创业的，今天和你们见面都还是抽时间过来的呢。"拉拉完全不顾悠悠的眼色，自顾自地说着，"其实钱多钱少无所谓的，我们都还年轻，努力就好了。对了，下半年我们准备好好休息一下，到欧洲去玩，到时候一起吧？"

拉拉漫不经心地说着，假装低头玩手机，然后给悠悠发了一条消息：这个男人一看就没什么前途，别在这种人身上浪费时间。

悠悠看完短信后直皱眉，想要说什么，却被男友轻轻按住。

"你们要是有兴趣去的话，我可以当导游。"悠悠的男友说。

“你是做导游的？那不是很辛苦！不如你到我男朋友公司去上班好了，好歹给你安排一个好一点的职位，现在导游名声太不好听了。”拉拉趾高气扬地说着。

见对方不答话，拉拉又说了自己去年的营业额，男友公司准备上市，虽然忙到不行但还是抽空出国游玩，又细数自己的名牌包包。

除了拉拉自己说得兴高采烈，其他三个人的脸色都已经不太好看。好几次小程想要打断她的话，却被她无形怼了回来，全程就像她一个人的演讲会，不是炫耀自己和男友，就是对闺蜜的男友冷嘲热讽。

咖啡凉了，谁也没有喝一口。

小程绷着脸，一句话也没说，只是满脸歉意地看着拉拉的闺蜜和男友，临分别的时候，小程才开口：“两位真不好意思，拉拉刚才有些过分……我替她向你们道歉。”

悠悠的男友挥手表示不在意，而悠悠早就气得说不出话来，挽着男友就离开了。

几个人不欢而散，到门口时，拉拉发现对方开的竟然是一辆限量版的跑车，不由得多看了两眼，一脸惊讶，然后仿佛想到了什么，冷笑着问他是不是开老板的车。

对方颇有深意地笑道：“我这人没什么喜好，就是喜欢车，不过可能太招摇了一些，虽然以前我一直觉得一个人的人品和性格，比一个人有没有钱、有没有穿名牌更重要，不过今天才明白，或许有些事并不是我想的那样。悠悠说你是她最好的闺蜜，或许现在，你可以放心把她交给我了。”

然后意味深长地说道，“很高兴认识你，今天让我见识了很多。有机会再见。”

略一点头算是跟他们告辞，然后他细心地替悠悠打开车门，随后开车扬长而去。

后来拉拉才知道，原来悠悠男友不仅在国内有自己的上市公司，在欧洲也有分公司，还经常去那边处理业务，所穿的并非名牌，但全是私人订制。她像被人重重地打了一耳光，更像是搬起石头砸自己脚的小丑，最后只能把气发在小程身上，两人吵得不可开交，最后还闹到分手的地步。

天外有天，人外有人。

看着低调的人也许出乎你的意料，而张扬的人或许只是虚有其表。

分享与炫耀经常被一些人混淆，这其中的度，一旦把握不好，不但招人讨厌，还会让自己沦为笑柄。

小星和几个好姐妹建了一个亲友群，群里都是玩得特别好的朋友，大家每天都在群里聊得热火朝天。每天经历了什么，发现什么新奇的事，有什么热点新闻娱乐八卦，大家都会一起讨论。对于小星来说，群里的人就像自己的亲人一样，难过的或开心的事都喜欢在群里分享。

可是慢慢地小星觉得有些不对劲，每次说别的事情的时候大家都会讨论得热火朝天，一旦她和大家说到有关收入的话题时，就很少有人接话，这让她有种奇怪的感觉，心里也有些难受。

她想，或许是她工资比较高，大家心里不太舒服，所以才不喜欢谈论这个话题。以后聊天中，她都刻意避免谈到这一类话题。

小星是公司的高层领导，收入是群里最高的。年后，她又升了职，薪资又涨了一倍。

刚刚升职的那天，她满心欢喜和大家分享这个好消息。原本她只是单纯地想和大家分享，可一开心，话就多了起来。

她说了自己公司的前景，说了自己怎么和另一位竞争者斗智斗勇，好不容易赢了对方，然后和大家说自己这么久的辛苦没有白费，终于被上司赏识，升了职，工资也翻倍了。还说以后有机会大家聚聚，她请大家吃好吃的。

本以为大家会和她一样开心，庆祝她高升，没想到，开始还有人应几句，后来群里直接安静了下来，只有一两个人象征性地说了句恭喜，大家一点都没有她想象中的高兴。

甚至有人说：“看看人家小星，我们和她的差距越来越大。”

另一人接话：“谁让人家工资高，有钱呢。”

随后便没人再说话了。

小星的好消息说到一半，突然冷场，原本兴高采烈的心情像被泼了一盆冷水，小星觉得尴尬极了。

她检讨自己是不是说得太多了，没有顾及大家的心情，但她又觉得自己没有炫耀的意思，因为群里都是特别要好的朋友，说话也没有多想，有什么说什么。而且她也没有说太过分的话，她不明白大家为什么就不高兴了。

小星想了又想，觉得自己确实有些太高调，哪怕是很好的朋友，有时候说话也要考虑对方的心情。

比如群里的小艾，前些日子刚被辞退，到现在还没找到工作，和她的升职一比，肯定心里会更加难受。

比如群里的笑笑，一直在底层挣扎，男朋友工作和待遇也不好，听到她升职加薪的消息，难免心里不舒服。

比如好姐妹安怡，每天加班到很晚，可还是被上司苛责，工资不高不说，又累又辛苦，想离职又舍不得，听到自己刚才说的话，心里该多憋闷。

虽然自己毫无恶意，但因为没有顾及其他人的处境，好好的分享到他们那里就变成了炫耀，又有谁会开心呢?

或许有一种好朋友，无论自己处境多难堪，听到对方的喜讯，只会为对方开心，为对方的成功而欢喜，但这样的好朋友毕竟是少数，所以我们说话的时候，一定要多考虑对方的处境，先想想自己说的话会不会对对方造成伤害。

否则，简单的分享也变成了炫耀。

有时候，无论自己多好，都不要拿出来张扬，更不要拿出来炫耀。你的炫耀并不会提升你在别人心中的影响力和形象，只会让更多人对你的印象减分。

第一种人，习惯同情比自己条件差的人，更容易以优越感对这一类人产生好感。

第二种人，习惯排斥比自己优秀的人，内心的自卑和攀比会让他第一时间排斥对方。

第三种人，他们自信，乐观，积极向上，只有这样的人才会真正欣赏比自己好的人。别人的提高是他们前进的动力，别人的进步是他们努力的方向，别人分享的成功，会让他们第一时间去吸取对自己有帮助的内容。

但人心太复杂，第三种人少之又少。

我们在与人相处的过程中，一定要收敛锋芒，默默地努力，不声不响地进步，能说的话，说给愿意听的人听。

无论你有多好，都不要拿出来炫耀。

否则，只会让朋友疏离，让旁人排斥。

说话之前，多考虑对方的处境，不要让自己的荣耀和快乐，建立在朋友的伤口和难堪之上。

第五节

倾听比倾诉更让人倾心

我的表弟，因为家教极严，父母控制欲比较强，从小生活的环境让他不善于表达自己想法，整个人沉默寡言。

在日常生活中，他给人的感觉都是内向沉郁，没有主见。别人说的话，他要么点头认同，要么不声不响。他的父母都觉得他内向得有些过分，有话窝在心里不说，气得人直挠墙。表弟长大后，性格越发内敛。他的父母也开始着急，担心他太过内向找不到女朋友。

可是这个内向得过分的表弟在我眼里却和别人看到的完全不同，他开朗健谈，爱说爱笑，他说的很多话都很有自己的见解，而且深入人心，特别有道理。有时我也被他的思想和观点折服，从中深受启发并改正自己的不足。

可是每当我说表弟健谈有主见时都没人相信，毕竟表弟在别人面前展现的是一个不爱说话的人，并且也很少在别人面前表达自己见解的人。

朋友们问我，为什么表弟在我面前可以畅所欲言，在别人面前就不言不语。

我说："因为你们不曾给他开口的机会。"

每次谈论某件事，一旦起了头，大家都争着抢着发表自己的意见，以及自己对这件事的看法。一群人走在一起，沉默的永远是不善言谈的那一位。

有时两个人对话，一件事起了头，开了口。对方刚表达自己的一点想法，就被另一个人打断，直接被对方否定或者表示怀疑，比如像表弟这样不喜欢争辩的人，就会第一时间保持沉默。

久而久之，习惯成自然，两个人或者一群人在一起聊天的时候，他就会闭口不言。

可是我和表弟相处的时候，因为知道他的性格比较内向，大多数时间我都会选择倾听，并且第一时间肯定他观点中正确的部分，并鼓励他继续说下去。于是，慢慢地，表弟更喜欢跟我相处。一些不开心的事，他都会第一时间跟我倾吐。我也很乐意听他的想法，并在他的想法全部表达完之后再提出中肯的建议。

其实，生活中像表弟这类人很多，只是表弟因为家庭环境的影响表现得更为明显一些，但道理是一样的，有时候倾听比倾诉更让人倾心。善于倾听别人的见解，不但能让自己懂得更多道理，吸取更多教训，还能让自己和朋友的关系拉得更近。

多听，少说。我们都知道，只有多听才更利于思考，逞一时口舌之能，会让我们失去很多。

而不顾旁人的感受，只管发泄自己的倾诉欲望，则会让我们失去别人的信赖，包括失去自己最知心的朋友。

沈娟失恋了，因为男友劈腿，劈腿对象竟然是出国三年如今风光归来的前女友。当初那个女生因为前途将他抛弃，他和沈娟相恋三年，沈娟觉得这三年的时间足以让他忘记前女友，可没想到，那个女生一回来，只表达出了一点点复合的意思，男友就毫不犹豫地抛弃了她。

一时间，沈娟无比伤心，觉得自己这三年的倾心付出像个笑话。

她将自己关在房间里以泪洗面，好几次拿起手机想问问他自己在他心里到底算什么，最后还是忍住了。此刻她才明白什么叫劝人容易，劝自己难。当初闺蜜乐乐失恋的时候，她说得一套一套的，可是现在，她发现劝别人的那些话放在自己身上，一点用都没有。道理她都懂，可她就是做不到，心里的痛如潮水般淹没了她。

想到闺蜜乐乐，沈娟就像看到了一束光，内心的伤痛和压抑仿佛找到了倾泻的出口，她急需有个人能够倾听她的委屈和不甘，沈娟拿起手机拨通了好闺蜜乐乐的电话。

乐乐一听，第一时间赶了过来。沈娟扑在乐乐怀里大哭一场后，才收起眼泪看着乐乐。没一会儿，沈娟眼泪又要往外流。乐乐连忙上前抱她，满眼都是心疼。

沈娟心里特别感动，虽然失去了男友，但是还有这样一位好闺蜜陪在身边。

“你知道吗，我一直以为我和他会结婚的。这三年，我们的感情那么好，几乎没吵过架，可是三年的感情都比不上那个女孩的一个眼神、一句话……”沈娟抹着眼泪，想起分手前不久，他们还在讨论将来拍婚纱照的地点，可这一刻全都变成了笑话。

“没事的，没事的，都会过去的。”乐乐拍拍她的后背。

当初乐乐失恋的时候，沈娟陪着她一把鼻涕一把眼泪的熬过去，乐乐看到现在的沈娟就好像看到了当初的自己，更何况沈娟是自己最好的朋友。乐乐想着，一定要陪她走过这最难过的时光。

“我在他面前哭得那样伤心，他竟然说他没办法拒绝她的眼神，那我算什么，我的眼泪算什么，我哭得那么伤心，他都不会有一丝心疼吗？”

“男人都那样，你别想这么多了，当初我失恋的时候，我前男友可比他狠多了，直接跟那女的走了，一句话都没跟我说，你还记得当初你是怎么安慰我的吗？”乐乐抱着沈娟，细心安慰道。

“我当然记得，但是事情发生在我身上，我才知道心有多痛。我们在一起三年了啊……我这三年算什么？”沈娟说着说着又哭了起来。

“哎呀，你别想了，一个渣男，走了就走了，我知道这个过程很难熬。你还记得我失恋的时候吗？当时我觉得天都塌了，我完全看不到未来。好像他就是我的全世界，他一走，我的世界也跟着毁了。可是你看我现在，不是好好的吗？你当初不也和我说，一定要朝前看。如果放不下就去追回来，如果追不回来就给自己一个期限，然后痛痛快快地放手吧。”

“我知道啊，可是……”

“别可是了，任何事都有个过程，你把这个过程走过去就好了。你想想我以前就知道了，再难过的事情都会过去。你想想我那时候，我和……”乐乐打断沈娟的话，自顾自地沉浸在自己的回忆中，几次沈娟想要说话都被乐乐堵了回去。

沈娟听着乐乐滔滔不绝地诉说，突然就不想出声了。道理她都明白，只是她很想将内心的伤痛倾诉出来，想把不敢问的问题都问出来，让自己心里的难过能够减轻一点，可是现在，她却发现自己连开口的机会都没有。

沈娟开始后悔叫乐乐过来，失恋的难过加上无法诉说的委屈，沈娟在乐乐叽叽喳喳的声音中越来越焦躁。一瞬间，和乐乐相处时那些不愉快的小事，连同以前藏在心底的不满全都迸发了出来。

“你就不能听我说一句吗？”沈娟沉下声音，冷冷地说道。

乐乐愣了一下，有些拿不准她这是在对自己生气，还是对她前男友生气。

“你是我最好的朋友，可是为什么不能认真听我说话？你还记得吗，每次你有什么事我都静静地陪着你，听你说，陪你哭。可是一到我这儿呢？我生病了想告诉你，结果你还没听我说完就噼里啪啦一大堆的安慰，说完就跑去玩游戏了。我不开心了，想和你说，结果呢？你听了一两句就推脱有事跑去购物了，要么就是一个劲儿地说你自己的事。我只是希望在我难过的时候，你能给我一点时间，听我说说话，有这么难吗？”

沈娟的话像是一块石头砸在水里，将水底那点平静全都打破。以前并不在乎的事，在这一刻突然变得难以接受。

乐乐一直觉得自己很在乎这个朋友，也很关心她，可听沈娟这么一说，她竟无言以对，说不出半句替自己辩解的话。她从来不知道自己这么不在乎她的感受，想解释点儿什么却又不知从哪里说起。

这么一闹，两个人都沉默了。

“你先回去吧，我想自己静一静。”沈娟抹去眼泪，将头转向一边。

乐乐没走，但还是默默地坐到客厅里去了，她突然觉得自己以前好像很多事情都做错了，不仅是对乐乐，还有对别人。可是她没有坏心，她是真的想安慰对方。为什么事情会变成这样呢？这不是她想要的结果。

有时候，我们很容易拿自己的故事去安慰别人，似乎只要比对方惨一点，就可以让对方好过一些，并且让对方从中得到安慰。

可人不同，故事不同，伤痛也是无法感同身受的。

甚至你那更惨的故事，会让对方更加难以释怀，会让对方觉得你根本不理解她的痛。那个时候，沉浸在伤痛中的人，往往会觉得自己是世界上最惨最悲伤的人。她不需要一个比她还惨的人来淡化她的伤心，她需要的只是安慰。

就像乐乐，她待朋友的心是真的，她劝解的角度都是为了让沈娟能好过些。可是她却忽略了最重要的一点——沈娟的需求。

她忘了当初沈娟在陪她的时候，总是听得多，说得少，自己将内心的话倾诉完之后，会觉得压在心上的大石头一下子消失了，哪怕沈娟一句话不说，也觉得是一种安慰，因为这个世界上，有人懂她的痛，并且理解她。

沈娟会做的这些，她全部都没有做到。

乐乐反省了自己的错误，推开房门，很认真地对沈娟道歉：“我原本想要反驳你，可是我发现，你说的都是事实。有时我确实太偏向自己的感受，而没有照顾到你的情绪。现在，你想说什么，我安静听你说。如果你现在不想说，咱俩就一起坐着吹风，就像上次你陪我那样。”

沈娟笑了，泪水还挂在脸上，也同样真诚地向乐乐道歉。其实她知道，乐乐是一个非常棒的朋友，只是自己太过伤心才会说出那些话。

相比诉说，有时对方更需要的是倾听。

聆听对方内心的声音，哪怕有些事是已经知晓的，可有时满足对方倾诉的欲望，比任何语言的安慰都更有效。

朋友之间是如此，陌生人之间更是如此。

有时候，不用着急去诉说自己的想法，耐心地倾听对方，从对方的倾诉中得到有用的信息，在这个过程中加一些肢体语言，如微笑点头，注视对方的双眼，让对方感受到你的真诚，无论是谈判中还是和新交的朋友聊天时，都会让对方更信任你。

戴尔·卡耐基是美国著名人际关系学大师，美国现代成人教育之父，西方现代人际关系教育的奠基人，被誉为20世纪最伟大的心灵导师和成功学大师。

他的情商和说话技巧令人钦佩。一次，他受邀去纽约参加一场重要的晚宴。在这场晚宴上，他碰到了一位世界知名植物学家。面对这样的一位大师，卡耐基并没有急于表达，甚至从头到尾都没有开口说几句话，只是全神贯注地聆听这位植物学家为他介绍有关外来植物和交配新品种的实验，以及一些新奇见闻。

卡耐基明明什么都没说，什么都没做，可是这位植物学家在晚宴结束之后，却向在场的人们极力称赞戴尔·卡耐基，说他是这场晚宴中最有深度的人，说他的话“很能鼓舞人”，是名副其实的语言学家，是一位“有趣的谈话高手”。

但事实上，卡耐基自始至终都只是在倾听植物学家对植物的介绍，他自己基本没怎么说话。耐心地聆听，却博得了这位世界知名植物学家的好感，不得不说卡耐基的情商之高令人叹服。他知道什么场合该说什么话，知道什么时候更适合倾听。

有时候，做一个令人有好感的人很简单，耐心倾听就能让你获得别人的好感。

第六节

停止争辩，不要试图说服一个不认同你的人

常与同好争高下，不与傻瓜论短长。

当一个人的思想维度和你不在一个层次上的时候，就算你们辩论到地老天荒，也不会有结果。

每个人都有自己固定的思维逻辑，而这种逻辑一旦形成就很难再被打破。聪明的人喜欢听取各种言论和思想，从中汲取对自己有用的。而固执的人习惯守着自己的一套理论，哪怕世界已经发生翻天覆地的变化，也依旧盲目坚持。

没有人能叫醒一个装睡的人，也没有人可以说服一个根本就不认同你的人。

与一个不认同你的人争论对错，不如将时间节省下来，努力把事情做好，将结果摆在他的面前，证明自己是对的。反之，不停地争辩，最后对方依旧不认同你，并且觉得你的话可笑，与这样的人争论，浪费时间不说，还白白受气。

以说话之道而言，“说服”二字原本就带着攻击性，它是一种以辩论的方式，通过语言使对方信服你，来达到你想要的目的。如果以想要对方认同为最终目的，那么“沟通”显然要比“说服”温和许多。可是，若对方原本就是一个不认同你的人，无论是沟通还是说服，无论你用什么样的方式、什么样的语言去表达，最终结果还是一样，白费口舌而已。

这种时候，应该直接避免与对方争论。

停止争辩，不要试图去说服一个不认同你的人。

有这样一则小故事：

秀才和农夫是邻居，两人家中都不富裕。但是农夫看不惯秀才，觉得秀才清高，凡事有理还要讲三分，没理更是了不得，道理一通一通绕得人脑子都不够用。不过农夫也很固执，虽然目不识丁，但是他不管你有理没理，反正我就是道理。

这天，农夫穿了一件浅黄色的衣服，扛着锄头从秀才门前经过。秀才作了个揖，道：“尔着浅衫，下田耕种，不妥不妥。”

农夫心里冒火，觉得秀才没事找事，咬牙故意说道：“你瞎说不是，我这衣衫明明是黑色的。”

“为黄衫。”

“黑的，你瞎吗？”

“尔岂能口出脏言？”

“谁让你睁眼说瞎话，我这明明是黑色的衣衫。”

两人争了半天也没个结果。

秀才急了，自己明明是好心提醒农夫不要穿浅色衣服下地干活，否则不好清洗，怎么农夫还睁眼说瞎话？

一着急，也顾不得之乎者也，指着农夫的衣衫直喊：“黄的，这明明是黄的！”

两个人争到最后也没个结果。这时路边来了个和尚，秀才忙喊住他，请和尚来评理，看看这衣衫究竟是黑还是黄。农夫一愣，有些尴尬。

没想到和尚了解事情的经过之后，却笑着说：“是黑的。”

农夫得意地离开。

秀才不解地问大师：“明明是黄的，大师为什么说是黑的？”

大师说：“是黑是黄又有什么关系？农夫说它是黑的，那么它就是黑的。”

秀才不明所以。

和尚解释道：“农夫岂会不知是黄的，只是不愿你多管闲事，故意刁难你而已，争辩下去也不过是浪费时间。即使你赢了，那又如何，农夫未必领你的情。你的格局太小，心思太杂，你若是将这些时间花在学习上，那么现在你就不仅仅只是个秀才了。”

秀才这才恍然大悟，从此不再把时间浪费在无谓的事情上，埋头苦读，第二年便中了进士。

与不认同你的人争辩，是毫无意义的，只会伤人伤己。不如利用这些时间来看书或和智者聊天，都能受益良多。

很多时候，我们与人争辩，明明是为别人着想，却吃力不讨好，自己委屈不说，还招别人厌烦。

特别是在与好朋友、长者、后辈相处的时候，我们很容易站在自己的角度，或用过来人的身份去说服对方改掉一些毛病，或者按自己的想法去做一些有利的事，哪怕你的观点和说法都是正确的，也未必被人接受。

因为并不是每个人都可以认同这种“我都是为了你好”的说服方式。

小欣又来找乔乔了。

刚下班的乔乔在沙发上没坐一会儿，小欣就敲门了。她换了鞋，窝在沙发上就开始向乔乔抱怨：“上司又叫我加班，真是太过分了。不过我才不会听她的。”

乔乔给小欣倒了杯水，坐在她旁边安静地听她说，有了前几次的经验，她尽量让自己少开口，以免两人又吵起来。

小欣看不惯她的女上司，这是乔乔一早就知道的。在这之前，小欣已经换了好几家公司，可是每家公司她都待不长，不是同事有问题，就是上司难相处。离职好几次之后，乔乔小心翼翼地提醒她：是不是也该在自己身上找找原因。

结果小欣一把鼻涕一把泪地指责乔乔："咱俩姐妹这么多年，难道你觉得我的为人有问题？别人不了解我就算了，连你也这样说我？"

乔乔顿时没了言语。

同样的事情发生了好几次，每次听小欣诉苦，乔乔都觉得大多数都是小欣的问题，一件事明明有更好的解决方法，可是小欣一点都听不进别人的意见，总有理由证明自己是对的，最后和对方闹得不可开交。

就像这次，小欣抱怨上司又让她加班。

但据乔乔所知，小欣的这家公司加班并不频繁。而这次加班的原因，小欣自己也说了，报表一周前上司就定好今天就要，可是小欣拖拖拉拉到现在还没有完成，她不想加班，自然觉得不甘。

"你上司不是一周前就跟你说过今天要吗？"乔乔小心地提醒。

"可是你知道这一周我有多忙吗？为什么要分上班和下班的时间，不就是为了区分工作和休息的时间吗？上班时间我忙得团团转，哪有时间做那个表。居然还让我加班，她是我工作时间的领导，凭什么占用我的私人时间！"小欣恨恨地说。

连乔乔听来都觉得这似乎很有道理啊！

虽然她经常还没到下班时间，就收到小欣"准备下班"的微信消息，而且上班的时候也经常跟她微信聊天说八卦，说真的，她真没感觉小欣上班有多忙。

"所以，你没加班就走了？"

“当然，领导一走我就走了，这种活本来就不该让我下班做啊。”小欣理直气壮。

乔乔皱眉，真不知道明天她要怎么跟领导交代，说不定又像前几次一样和领导吵起来。

不过她并没像以前那样和她讲公司的制度、社会的规则，只是静静地听她发牢骚。小欣的牢骚还没发完，她领导就发来微信，让她明天去人事办理离职手续，并且到财务把工资结好，以后都不用再去公司了。

“居然炒我鱿鱼！她还有理了！凭什么呀，乔乔，你说凭什么呀！她让我加班本来就违反劳动法规定，这是压榨我的空余时间，她凭什么炒我鱿鱼？难道我维护自己的利益不对吗？”小欣暴跳如雷，恨不得立刻冲过去和她上司大吵一架。

乔乔很想说“你去问你的上司呀”，但还是忍住了。

那位上司似乎很生气，不等小欣回复质问，就又发来了好几条语音：

“你上班聊天以为我们都不知道吗？公司的网络都是有监控的！上周的工作拖到今天都没完成，让你加班竟然转身就回家了。”

“你抱怨薪资太少，做的活太多。你有没有看看比你年轻的那些刚进公司的大学生工资都涨了，为什么你没涨？上班偷奸耍滑，出了事你就知道推卸责任。本职工作都做不好，还有什么理由要求加薪？”

“像你这样的员工，到任何一家公司，都做不长久。真不知道当初人事怎么把你招进来的，一点责任感都没有！”

啧啧，这怒气还不小。

乔乔心有戚戚焉。

原本乔乔以为她会反思，没想到刚听完，小欣就跳起来叫嚷。

“乔乔，你听听，她炒我鱿鱼还有理了，竟然那么说我。现在谁上班不聊天啊，不是说劳逸结合吗？累了说几句话放松一下都不行吗？公司有监控又怎么样，有本事她挨个去查，看看谁上班没聊天。刚来的那些毕业生当然抢着出风头，领导们都是傻子吗，看不出来他们做的都是些表面工作啊，给他们加薪不说，还苛待老员工，真的太过分了！”

乔乔一听，顿时无语。

本来想说几句话来劝慰她，并且帮她认识到自己的问题，可听她这么一说，她连说话的欲望都没了。

“乔乔，你怎么一声不吭，难道你也认为她说得对？明明是她太过分，怎么能全都怪我？就说你吧，你上班也有聊天啊，你们领导怎么不找你麻烦？她分明就是看我不顺眼！”小欣不解地盯着乔乔。

“可是和你聊天的时候，我的工作都完成了啊。”乔乔终于忍不住反驳道。

“你……可是我也努力了呀，凭什么我努力的时候她看不到。还有你，竟然还帮着别人说话，你还是不是我朋友？”小欣突然站起来，红着眼睛，拎着包包就出门了。

“小欣！”乔乔追着喊，可小欣还是头也不回地离开了。

乔乔叹了口气，也不想再追出去，因为这样的事情发生太多次了，每次她给的建议都会引发一场争吵。她永远都无法说服小欣认同自己的观点，所以她也不想再做无谓的争辩。

等小欣离开之后，她给小欣发了条微信：“小欣，不管你爱不爱听，作为你的姐妹，我必须把话说完，至少这样我问心无愧。我就是拿你当我最好的朋友，才会说一些你不喜欢听的话，如果连我都不告诉你，以后你会栽更多跟头。就像这次的事，你扪心自问，你真的努力了吗？你是把工作当成赚钱的方式，还是当成自己奋斗的基石。作为朋友，你讲义气，够真诚，为了朋友两肋插刀，朋友有什么事你都义无反顾的帮忙，无条件站在朋友这一边。有你这样的朋友，我觉得很庆幸。可是我不得不说，你太沉迷于一些网上的思维了。‘别和我谈梦想，我上班是要工资的。’‘我的收获和我的付出必须成正比。’‘工作需要劳逸结合，急工赶不出好活。’这些都是你的座右铭，这些话听听就行了。你总怕自己做多了吃亏，却忘了反过来想，你的付出和你的收获也是成正比的。劳逸结合是不错，但那是建立在完成本职工作的前提之下。没有任何事是不用付出就能成功的。以前我跟你讲道理，你总有理由反驳我，所以我就尽量不和你说这些。你吃一吃苦头总会懂的，可是看着你一路摔得鼻青脸肿，却没有丝毫改变，我怎么能不着急？这是社会，没有人会纵着你、宠着你，工作就要有工作的态度，你连工作的态度都没有，还谈什么梦想呢？我想，你现在已经准备好一大堆的话来反驳我了，但是，我希望你一句话都不要回复，听得进去就听一些，若这些话真的让你心里不舒服了，就把我说的这些全都忘了，当我什么都没说过，言尽于此。”

这些话平常乔乔是肯定不敢说的，但是看着小欣这个样子，她实在是忍不住。

反正该说的、想说的，她都说完了，不管小欣反驳什么，她不看就行了。

果然，没一会儿微信就一直嘀嘀响，手机首页可以看到小欣发来一连串的反驳。乔乔暗暗叹息，她一个字都不想再回复她。这种无谓地争辩真的让人疲惫，不过是白白浪费时间罢了。

她不想再试图去说服一个不认同她的人，总有一天，生活能教会她以前不曾明白的道理。

与其用事实去争辩这样做是对还是错，不如让对方自己经历一次，最终的结果足以证明一切。很多时候，我们以过来人的身份去说教一个人的时候，往往会忘记当初我们自己也是这样过来的。

有时候我们为了别人着想，去说服并对其提出建议的时候，换来的却是对方的怒目相视，不仅破坏了彼此之间的友谊，也让自己陷入阴霾。有些人并不是简单地说教就能让她改变的。如果对方并不认同你的看法，那么收起你的长篇大论，不要再试图去说服对方。

这个世界是公平的，总有事实替你证明有些话一开始就是对的，而有些事一开始就做错了。

第七节

高情商就是引入对方观点，让你的话和对方产生共鸣

一千个人眼中有一千个“哈姆雷特”。

每个人对事物的看法和认知，是源自于自己的成长经历、教育背景以及学识阅历，就连伟大的著作都无法统一人类的看法，更何况是我们生活中遇到的各种细碎小事。如果想和别人在思想上产生共鸣，强硬地施压显然是不合适的。嘴服心不服，这样的共鸣一点意义也没有。

所以，引入对方的观点就是一种很聪明的做法，用对方的观点去阐述自己的逻辑，对方会更容易接受。

观点不一致时，双方各执己见，都觉得自己是对的那一方，然后引发争辩，最后吵到脸红脖子粗，谁也不认同谁。这样的交谈是没有意义的，

因为它只是在发泄情绪，事后哪怕双方都不放在心上，但心中难免会提醒自己下次遇到不同的看法时要少说两句，或者潜意识觉得三观不同，不是一路人，以后少来往。

如果想让对方和自己产生共鸣，其实可以试着引入对方的观点去讨论，这就需要一定的阅历和知识储备，至少你要先保证自己接下来说的一套理论中没有明显的漏洞。所以在这之前应当准备充足，之后再去行动，否则很有可能会被对方的观点，带到另外一种思维，然后发觉原来是这样呀……

而自己最初的想法就会被驳回，达不到最初的目的。

这里并不是说对方的观点一定是正确的，我们需要吸取对方正确的观点来改正自己的不足，但我们也不要忘记初衷，被对方的观点引导。这在社交中或许并不重要，但在职场中就比较忌讳了。

阿香和文文是十分要好的朋友，两人毕业后不想过朝九晚六的职场生活，想来想去觉得一起投资做点小生意更自在。阿香建议做女装，而文文则建议做小商品生意。两人各持己见，谁也说服不了谁，商量了半天也决定不下来，最后争得面红耳赤。

“我不建议做女装，做女装的风险太大。”文文说。

“我更不同意做小商品，我们对小商品一点也不了解，怎么可能做得起来？更何况，小商品的利润太少，做这个一点意义也没有。”阿香也不甘示弱。

“那对女装我们也不了解呀，虽然我们经常买衣服，对服装款式了解很多，但做女装需要的不仅仅是款式，还需要了解批发市场、价格、定位、受众群、风格，我们喜欢的款式大家不一定喜欢。更何况女装品类还分得那么细，我们需要投资大笔资金，最后还未必收得回来。”文文提高了音量。

“你是觉得做女装不合适，还是觉得跟我合作不合适？”阿香生气地说道。

两人争得面红耳赤，互不相让。最后合作的事情搁浅，谁也不愿意再提，她们也不想让这件事影响彼此的感情。

事后两人又和好了，可是面临就业压力，她们必须在面试和做生意之间做选择。当然，对于自由的向往，她们想做生意的想法依然蠢蠢欲动，可因为资金的限制，她们只能选择找人合作。与旁人合作不放心，可是阿香和文文谁也不愿意先开口，因为她们无法认同对方的想法。

都说朋友、亲戚之间最好不要一起做生意，否则钱能不能挣到不说，很容易把感情折腾没了。

最初她俩对这种说法是不信的，可现在阿香和文文都觉得这句话太有道理了。

回去之后，文文把这件事说给自己男友听。男友一听就笑了，说她们根本就是在吵情绪，哪有一点解决问题的态度：“你们各持已见，非要争个输赢，可从头到尾都没考虑对方的意见。换一种思维，换一种态度，你要先站在她的角度去想香香为什么不同意你的看法，然后考虑她的意见的可行性，再通过市场调查来核实。再从你自己的角度出发去解决事情，而不是一味地争吵，最后也吵不出个结果。”在男友的分析之下，文文豁然开朗，于是又主动找阿香商量。

“我同意你说的做女装比做小商品的利润高，而且女装是女性必需品，而小商品虽然购买人群多，但利润极低。”文文说。

阿香很开心获得了文文的认同，于是也安静下来听文文继续说。

文文拿出一份数据递给阿香，说：“这里面是各大电商平台里女装店的数量，平均每家店大概有多少品种以及他们大约每个月的成交量。你说得对，这是一块很大的蛋糕。”

阿香认真地看完，又指着成交额说：“你看看，我当初就说做女装更合适吧。如果我们一个月也能完成这样的成交额，完全可以达到我们最初的想法。”

文文笑着点头：“所以我也认真考虑了你的意见，我们要达到这样的销量，首先要有足够的资金。我们是新店，很多厂商都要现金，哪怕每种款式进货三到五件，前期我们需要投入的资金至少是这么多。你看看，已经超过我们能投入资金的总和。”

文文拿出文件给阿香看，阿香看到数额顿时皱起了眉头。

“而且自己拿货的话，我们还需要一个空间放置我们的衣服，因为我们看的店面并不大，所以货物放在家里也可以，可如果后期销量太大就得另找地方当仓库了。”文文接着说。

阿香眉头皱得更紧了，她俩都是租房住的，哪有放货物的地方。

“当然，我们也可以找商家做一件代发，但如果我们做一件代发的话，利润空间就会少很多，最麻烦的是我们不知道物品的质量如何，很可能面临大量退货。如果我们打算长期做服装，产品质量很重要，信誉好了才会有固定的客流量。最重要的是，做代发主要走网络渠道，我们得想好如何营销。你看我们之前考察的这家店，他们家的广告宣传、营销、网红宣传都是特别专业的，而我们俩都没有做网红的条件，那我们就要做好至少3个月没有盈利的准备，你说对吧？”

阿香犹豫了，最开始她以为文文已经决定好要开女装店，所以把数据分析得这么清楚。可是顺着文文的分析却发现，做女装其实并不是最好的选择。无论是前期投入还是后期营销，她们一点都不专业。

“那如果按你说的，做小商品呢？”阿香问。

“如果做小商品的话，我们的优势是小区附近就有进货市场。所有的货物我们一眼就可以看到，质量有保障，所以我们进货方便，无须囤货，而且我们可以筛选一部分有特色的物品来针对女性市场，主要针对网络渠道。漂亮的物件我们可以直接拍照发到网上去。有人喜欢我们就直接去拿货，不但省了进货和租仓库的钱，还能在保质保量的情况下慢慢积累信誉。前期我们暂时不做实体店，这样我们就会有更多的流动资金，这样算下来我们前期的投入资金大概是这些。”她在纸上写下一个数，“而小商品的营销相对来说竞争较小。你看看，这是小商品的销售数据。”

阿香有点心动了。

“可是，我们一直做网店也不好啊，毕竟网络竞争也很厉害的，我还是倾向于实体店和网络渠道一起做。”

文文见阿香的想法已经动摇，不由得笑道：“当然，我说的这只是前期准备工作，在稳定之后，我们有了固定的销量和合适的店面，也了解了哪种产品更受消费者喜爱，就可以直接做实体店，也不用担心前期没有盈利的问题。”

她又分析了许多前期投比和后期如何利益最大化，以及可能会出现的风险，让阿香心服口服。

末了，文文说：“其实做服装也不是不可以，她的利润确实比小商品大太多，我在调查的过程中也有些心动呢。所以我觉得，如果后期我们不缺资金，有足够的时间去做的话，做服装也是一种选择，我也非常愿意和你一起做女装。我相信到时候只要我们肯用心、肯吃苦，就一定能做起来。所以你当初的建议并没有错，只是当下的时机不是最合适的。”

这一番话让阿香对文文有了极大的信任感，比起自己的一腔热血来说，文文以数据的方式更让人信服。

谈完这些之后，文文又和她约法三章：“将‘丑话’说在前头，以后就按这个走，以免发生不愉快，最后影响彼此的感情。”两人相谈甚欢，当天就敲定了方向，并立刻行动起来。

聪明的人喜欢用事实说话，而不是大声地喊叫。

就像文文这样，在不知不觉中引导了阿香的思想，是因为前期的准备足够，更是因为她不急于否定对方的观点来论证自己的想法，没有了敌对关系，余下的自然是双方达成共识。

不但生活中如此，在职场中、销售方法中，引入对方的话，让你的话和消费者产生共鸣，会更容易达成交易。

打个比方，假如某个公司想要卖出自己的产品，他们到各个网站、视频中的弹幕以及现实生活中见人就喊：快来关注我的产品 XXX 吧，它很棒很好用。这样简单粗暴的推销方式确实能够让很多人在不知道 XXX 产品的情况下第一时间知道了产品的名字，可是达不到喜欢并购买的效果。哪怕有名人代言，消费者看多了、听多了之后，没看到实质性作用的话，还会让人心生厌烦。

比如现在的产品广告一般都会从消费者的需求、产品的特质和作用的角度出发，最后再用曝光度和名人效应去宣传，效果就会事半功倍。

想要让消费者喜欢自己的产品，那么首先要做市场调研，知道消费者的需求，再从消费者的需求、根据产品的特质和效果去推荐，从这方面入手比单纯喊口号有用得多。

曼丽所在的服装公司想和一家国外品牌 OMY 合作，各部门领导纷纷推诿，觉得这个合作完全不可能实现。最后，大家推来推去，把这次谈判的重任交给了刚刚升职的曼丽。

所有人都觉得这项合作完全不可能，有那么多优秀企业排在前面，OMY 这样一个知名企业怎么可能选择一家普通公司合作呢？除非在大量让出利润的基础上妥协，而且即使这样，对方也未必会签约。

大家都觉得曼丽这次遇到了难啃的骨头，有些人甚至认为领导刻意为难曼丽，才派给她这样一个不可能完成的任务。

果然，在和对方洽谈之后，对方表示曼丽的公司太小，资金和知名度都不如其他几家大公司，而对方刚刚步入中国，希望找一家有实力的企业合作，直接拒绝了曼丽的合作提议。

曼丽并没有气馁，她把对方公司的品牌研究了个透，又把己方公司和对方公司合作的优势做了详细的调研和分析，然后再一次找到OMY公司的代表。

“很抱歉，我想我上次已经表达得很清楚，虽然你们公司实力不错，但并不是中国企业里最好的。我们需要一个有实力、有知名度的企业来打响我们的品牌，更需要一家资金雄厚的企业来完成我们的产品目标。而和你们合作，这个难度将会提高很多，所以，我并不会考虑和你们签约。你说什么都没有用。”对方再次拒绝了曼丽。

曼丽笑道：“是的，我们不是最好的合作伙伴，可我们公司是目前最适合你们的合作伙伴。”

对方不解，并且冷嘲道：“怎么可能？无论从哪方面来看，你们公司都不如其他公司带给我们的利益大。我们需要第一时间大范围地出现在中国消费者面前，成为中国最有影响力的服装品牌之一，你认为贵公司能达到我们的要求吗？”

曼丽不慌不忙地解释：“OMY 品牌想要入驻中国，对于 OMY 来说是一个很重要的大项目。你们选择实力强、知名度广的企业合作就是为了借对方的影响力来扩展你们的品牌力度，你们需要实力强的公司来达成你们的产品质量要求，对吗？”

“你说得非常正确，所以你们公司并不能满足我们的需求。”

曼丽打开文件，指着自己的调研结果说道："但是经我了解，国内比较知名的几个品牌已经有了自己的国外品牌合作商，而且还不止一家，你可以看看。所以OMY的入驻对他们来说可有可无，哪怕达成了合作，对方也一定不会把重点放在OMY品牌的宣传推广上。任何一家有如此实力的企业都不会把大部分精力投入在不确定利润的投资上，虽然他们是最适合你们的公司，但OMY未必是最适合他们的合作伙伴。"

对方翻看曼丽的调查，有些动摇。那几家大企业的合作伙伴里，有些比他们的企业更有知名度和影响力，可是依然没有被企业作为重点合作对象，那么他们和OMY哪怕达成了合作，又会有什么样的待遇?

曼丽见对方犹豫了，不由得笑道："我们公司对贵品牌的需求特别了解，虽然我们不如其他几家公司影响力大，但OMY是我们合作的唯一一家外国企业，所以我们将全力推广打造OMY品牌。这不正是你们需要的吗?虽然我们资金力量并不雄厚，但也比对方从他们雄厚的资金里分出来的多，不是吗?所以，我们公司完全能满足贵公司的需求，而且能做到最好，您觉得呢?"

对方终于被曼丽说服，最终签订了合约，而曼丽也因此在公司的新职位上站稳了脚跟，令大家信服。

曼丽能从多家比己方公司强的企业手里拿下这个合作伙伴，原因其实很简单，因为她了解对方的需求，先引入对方的观点，让她的话和对方产生共鸣，获得了对方的认同感，这才得以顺利签合约。

由此可见，引入对方的观点，首先就是要知道对方的需求，从对方的需求入手，很多原以为不可能达成的目标，产生共鸣后很容易就能获得对方的认同。

我们日常交际中，生活、社交、职场，无一不需要各种高情商的头脑对决。一个人情商的高低，直接影响他话题的引入点、思维的切入点，以及思维方式的不同，而这种不同之处往往是一个人成功和失败的决定因素。

说什么样的话，做什么样的人，头脑很重要。我们要用脑子说话，要多多考虑对方的想法。这样不但容易被对方接受，更能让自己的观点被对方认同。

EQ

第三部分

职场篇：简洁有力的语言最震撼人心

长篇大论无法直抵对方内心

凡事留一线，顾全对方的面子

察言观色，把自己代入对方的角色思考问题

善于发现别人的优点，并经常真诚赞美

拒绝借口推诿、推卸责任

做错事勇于道歉，更容易获得别人的认同感

一开口就直抵人心

EQ
说打动人的话，
做情商高的人

第一节

长篇大论无法直抵对方内心

一开门就能打动人，要的就是说话精简凝练，用最简洁扼要的语言阐述自己的观点，让自己的观点直抵对方内心。然而，在生活中，很多人说话抓不住重点，絮叨半天也表达不清楚自己的意思，白白失去种种机遇和晋升的机会。

这样的人喜欢长篇大论，就怕对方不了解自己的意思，或者自己的表达有所遗漏。他们在开口之前喜欢做铺垫，希望自己的观点更顺利、更有效地传达给对方，但这样做往往适得其反。因为他们没有想过，对方是否有耐心听完这些长篇大论。

不管你的想法多独特，你的策划方案多精彩，你要表达的东西多重要，一旦开始长篇大论，结果将注定失败。

因为长篇大论无法直抵对方内心。

“喂，您好，我是 XX 公司的业务员，我姓张……”

嘟嘟嘟……

这是我们最常见的一组电话推销开场白，作为电话营销业务员，这位张姓业务员显然是失败的，连产品都没来得介绍就被挂断电话。

就算面对面，这样的表达同样有很大的概率是连话都没说完就被人婉拒。

在面对客户的时候，我们首先要知道，你对对方而言只是一个陌生人，你们之间没有任何的任信度和可卖的情面。所以，找准对方的心理需求，一击即中是非常重要的，而不是把时间用在自我介绍和产品功能上。

如果对方需要这样的产品，那么他肯定对这样的产品有一定的了解，需要做的并不是介绍产品的基本功能，而是你的优势以及你能给予的优惠是什么。

找准产品定位，找准对方需求，找准你最大的优势，一击即中地让对方心动，才是最有效地推销方式。

小周的公司要办一场线下活动，活动地点在某个广场的中央，傍晚聚集的人群特别多。场地有了，但是怎么进行这场促销活动，公司内部却一直定不下来。

为了确保人群不会散开，对产品感兴趣，除了必要的“托儿”之外，还需要真正的客户。将看热闹的潜在客户转化为真正的客户是他们的诉求，可是却找不到一个好方法。

会议开到一半的时候，小周抱了一个大箱子进了会议室，箱子里装的是送给客户的小礼品。他将东西拿出来放到桌子上说：“送，在场的每一位都可以拿到礼品！”

所有人都愣了，原本就计划好要送一些礼品来吸引人们眼球的，可是没想到小周会这么直接说出来，更没想到他一句话就把大家原本争执不下的开场白给确定了。

到了晚上，小周打扮了一番，站在红毯上拿着话筒，朝着聚过来的人群说：“今天晚上在座的各位，无论有没有买我们公司的产品，都可以收到一份精品的小礼物！只要今天晚上您在这里，遇见我们，就是一个字——送！数量有限，越靠前的越早拿，送完为止！”

一下子，原本在散步的人们都围了过来，好奇地打量着那两个大箱子，想看一看里面究竟是什么样的礼物。

趁热打铁，小周用高八度的声音喊：“大家有没有用过×××产品？有没有听说过？”

“有！用过！”底下的托儿回应。

“好，这位朋友，您最早回答，送您一份我们的小礼品，不仅如此，今天还免费送您一套我们公司的产品。一会儿结束之后，您到后台去领取，这是您的领取牌！”他递了块牌子，人们的情绪也高涨起来。随着动感的音乐，他继续说：“在场的每一位朋友都可以免费试吃。下面占用大家一分钟的时间，我姓周，周瑜打黄盖的周。”

人们笑了起来，有人喊：“黄盖在哪里！”

小周看向他，也笑了起来：“我看您像诸葛亮！”

人们再次大笑起来，他趁热打铁介绍了自己，又介绍了公司产品的一小部分优势。为了让大家有更好感受，他请了三个人上来，让他们说说吃完后的真实感受。

“各位老乡，对除了口味的极致追求，我们的产品致力于让您吃得健康、吃得放心。现在条件这么好，想吃什么吃不到？但是，健康才是最重要的。我们的用心，是公司每一位研发人员、每一位试吃职员一点一点累积出来的。我们期待大家吃的每一口都可以感受到我们的用心。如果大家对产品有什么要求，现在就提！我们的研发经理就在后台，您提他改，您就是我们的大 BOSS！”

开始还没有人说话，但随着第一个人开口，后面的人也都大方地提出自己希望改进的地方。就在这时有一个人高喊：“太贵啦！便宜点！”

小周笑了，他将那位先生拉上台，开玩笑地说：“先生，如果您觉得产品不值得，我就是 1 块钱卖您您也觉得贵！我们的产品您看看，这些制作材料和成分，都不是作假的，否则工商局要找我们麻烦的。这是我们的质检报告，这是我们的原材料样品。你看看，大家也看看，完全是可以安心、放心的！但是您今天提出来了，您说您喜欢哪个口味的，5 折！前 10

名全部 5 折，后面的朋友 7 折优惠。想要的现在到我们销售员那里排队，5 折的名额每个销售小组只有前 10 个，需要的抓紧了，抓紧了！”

话未说完，大家全跑去排队了。

一场促销完美结束，所有人都没想到会这么顺利。更重要的是研发部根据消费者的需求更改了商品的口感，使得小周公司的产品在同类产品中始终占据销售、口碑第一名的位置。

以上事例中，小周的成功并不是偶然的，而是他充分抓住了人们想拿礼品的心理，一开口就让那些看热闹的人群对活动感兴趣，不会中途离开。只有对方被吸引了，后续的活动才有可能进行下去，产品才有被推销出去的可能。

无论是销售还是谈合作，最怕的是一上来就长篇大论抓不住人心，听得人昏昏欲睡，并且还没弄懂你究竟想表达什么。

找准客户的心理，拥有随机应变的能力，以及能够让双方共赢的方案，就是销售成功的第一步！

刘娟所在的部门领导分派下来任务，要求他们对下一季度的工作展开做个策划方案，分别由第一小组刘娟和第二小组张梅同时进行，最后根据两个小组做出来的策划方案作对比，评选出最优秀的一份，这也是作为年底考核优秀员工的一个重要因素。

刘娟对此胸有成竹，她很早之前就料到公司会有类似的考核，因为她和张梅两个人能力不分上下，说是评优秀员工，其实她知道，部门主管明年要回家待产，这是在看谁更有能力成为她的接班人。

为此，她很早就对前一年的工作做了市场调研、问题分析，以及年底总结。在此基础上，她对来年的工作展开有了更加明确的方向。

去年有部分产品滞销，原因是产品质量把控不严格，消费者投诉情况较多，而且在此基础上流失了很多老客户。另一个问题是，她发现很多赠品被合作商拿去售卖，也有些比较贵重的赠品被暗中替换成廉价、质量很差的次品，导致公司信誉降低。还有些滞销产品过期，被大量浪费等。

对此，她针对来年的工作，特别做了几套方案。

第二小组的张梅是今年新来的大学生，虽然聪明伶俐，做事妥帖，有想法，有创新，并受到领导器重。但刘娟发现，张梅擅长投机取巧，缺乏细心，在领导面前拍马屁、做表面工作她更擅长，要让她实实在在解决一些问题，恐怕不容易。而且，她今年才入职，公司以前的一些问题她想调查都无从查起。她相信，张梅一定没有她这样的耐心去调研市场，把去年的问题一个个挨着找出来并逐一解决。

下午张梅来找刘娟闲聊，旁敲侧击地打探刘娟对这份策划方案的想法，美其名曰一起探讨。刘娟心中暗暗不屑，但也不好直接拒绝，挑一些非重点跟她说了说。

没几天就到了递交策划方案的时间了。

刘娟的策划详尽细致，分门别类，把公司去年的业绩做了总结，指出公司业绩下滑了多少，又把导致业绩下滑的原因列出，再把所有问题逐一分析，并且一项一项做了详细的解决方案，并且在此基础上提出自己的想法，整个策划方案足足有五六页。

而张梅的策划方案只有简短的两页，简洁明了。一开头就写了公司去年亏损额730万，比上一年下降4个点。然后亏损原因列出四条，每一条后面写出解决方案：生产流程监督、产品质量把控、赠品渠道把控、滞销产品打折或赠送、消费者使用回馈表等。最后总结也只写了对来年业绩的预估和上升比。

没有拖拉的分析，只有简短的关键语句。

刘娟一听，张梅明明是从上次她俩的谈话中得到了启发，可是她并不担心，因为张梅不知道详细数据和细节，让她调查她也调查不出来。刘娟相信自己的策划方案一定会获得领导青睐，优秀员工的称号势在必得。

一周后，结果出来了。

张梅成为公司本年度的优秀员工。

刘娟看到结果的那一瞬间，顿时不淡定了，觉得张梅一定是拍了领导马屁，或者用了什么小手段才赢了她。她怒气冲冲地去找张梅，直接骂张梅抄袭她的方案，骂张梅耍心机耍手段，闹得不可开交，最后好不容易被同事拉住了。

下班后，张梅从她身边经过，得意地对她笑道：“知道你输在哪里了吗？”

刘娟看她一脸得意的样子，本来并不想跟她多费口舌，可是张梅的话却吊起了她的好奇心。她克制不住自己，怒道：“我觉得我的策划方案比你的优秀几十倍，你投机取巧，迟早会穿帮的。”

“嗯，我承认你的更优秀，但你忘了职场的生存法则。”张梅笑道。

“什么生存法则？”刘娟皱眉。

“身在职场，不但要会做事，更要会说话；不但要会说话，更要说得精简扼要，直抵人心。”张梅见她一脸怨恨，继续说道，“现在的社会已经不适合一味地埋头苦干，你的策划方案确实很完美，很详尽，但你忘了，主管即将待产，每天根本没那么多时间去看你的表格。上层领导只关心业绩和金额，对于细节更不会有多少心思去探究，因为这是部门主管的事。所以你的长篇大论写得再好，也不会有人有耐心看完。你知道我的策划案赢在哪里吗？其实我自己都承认我那份策划方案并不如你的，我只是帮你做了总结，并适当完善而已。”

刘娟大怒：“反正你就是抄袭了我的构思，那是我辛辛苦苦调查出来的。就算你会抓重点，会说话，会表现，也不代表你能力比我强。”

“可是我情商比你高。”张梅淡定一笑。

刘娟哑口无言，更觉不甘。

张梅转身离开，留下一句话：“作为感谢，我可以提醒你一点，详尽是优点，也是缺点，那是需要精力、耐心、时间去研读的，而对方未必有这个时间和耐心。所以，长篇大论无法直抵对方内心。你慢了一步，就慢了一生。”

身在职场的人们恐怕都能体会到一件事，那就是职场的不公平，有能力的人身居低位，不如自己的人却身居要职。有时候我们辛辛苦苦做出成绩，可往往黑锅自己背，功劳都是领导或别人的，我们感叹别人无耻、卑鄙、不择手段，可是往往忘了检讨自己，忘了看清领导或者客户的最终需求。

尽管我们输得不甘心，可是认真想想，有时候我们只是输给自己的低情商，这也是能力不足的一种表现。

当然，以上例子并不是让我们学着偷奸耍滑，而是要认清一件事：哪怕一个人人品低劣，但他身上也一定有一些优点是值得我们学习的。

职场就是我们的战场，知己知彼，方能百战百胜。

学会检讨自己的缺点，学会学习敌人的优点，复杂的事情简单说，详细的事情简要说，困难的事情直接给出解决方案，让你的闪光点第一时间呈现出来，简洁扼要永远比长篇大论更能抓住人心。

第二节

凡事留一线，顾全对方的面子

俗话说，凡事留一线，日后好相见。我们都不知道未来的日子里会发生什么，所以凡事不用做得太绝、话不要说得太死。

给别人留一些颜面，也是给自己一条退路，世事变迁，沧海桑田，当初落魄的人可能在以后成为你生命中的贵人，当初需要你帮助的人，以后也可能成为你人生中最大的助力。

哪怕没有那么多机缘巧合，只此一面再不相见，多给别人留些退路，也是做人的一种修养和内涵。它既说明了一个人的心胸豁达，也说明了一个人的眼光深远。

这样的人总比其他人更容易成功，也走得更高更远。

苏轼年少成名，任杭州太守时，很多人都已经闻听了他的大名，纷纷前来拜会。有一次，一个叫吴味道的书生想运送一批货物到京城贩卖。一路上关卡众多,为了节省时间,无奈之下,愚笨的书生就冒用了苏轼的大名。

经过杭州时，守城的士兵觉得此人有些蹊跷，便将吴味道连同他的货物一起押送到了苏轼那里，任他处理。苏轼一听这事，十分惊讶，想探个究竟。

次日，苏轼端坐堂上，吴味道也被押了上来。苏轼仔细打量了一番眼前的这个书生:眉清目秀,面容冷峻,神色淡定,倒不像什么大奸大恶之人。他身上还背了一个大包袱，包袱上贴了一张纸，上面写着“苏轼送京师苏侍郎宅”。这苏侍郎就是苏轼的弟弟苏辙。纸上只有一句话，却没有具体的地址，守城的士兵就此判断，他一定是冒名而来的“假太守”。

苏轼不解地问：“为什么要冒用我的名号运货？这能够给你带来什么好处吗？”吴味道卸下身上的包袱，诚惶诚恐地说道：“我家境贫寒，十年寒窗苦读，此次上京赶考，没有路费，只好带一些家乡的建阳纱到京城里变卖，顺便赚些盘缠来用。借您的名，只想省点通关的税钱，还可节省些时间。现在事已至此，愿听大人责罚。”

苏轼听完后，不光没有处罚他，还宽大为怀，给了他上京的银两。如此一来，吴味道便顺利到达京城。

苏轼并没有在秀才落魄的时候雪上加霜，这足以说明他的心胸广阔。不但没有将秀才治罪，还给了他上京赶考的盘缠，若秀才有朝一日功成名就，一定不会忘记苏轼当日的雪中送炭之恩。

当然，苏轼帮助秀才，并不是图他的感谢，而是因为自己的修养和内涵达到了一定境界。

任何人都可能会有落魄的一天，如果在别人落魄的时候不能帮上一把，也不必落井下石。

风水轮流转，若是有一天轮到了自己，那么也不会有人愿意对你伸出援手。帮助他人，未必是图之后他的报答或是自己落难时的保障，而是我们生而为人，心底应保有一丝良善，对朋友如此，对路人亦是如此。

吕杰喜欢交朋友，下班之后和一群朋友聚餐喝点小酒，聊聊生活的烦恼，吹一吹牛皮，是他一天中最放松的时光。虽然看着朋友挺多，但却没几个可以交心的。吕杰生活简单，即便没有交心的朋友，他也不觉得时光寂寞，反倒觉得轻松。

吕杰最近给公司签了一个大单。听说这单子他们部门经理使尽浑身解数都没谈下来，本来以为要泡汤的单子被扔到他这里，原本谁也没抱希望，谁料他刚和安美卡公司的代表在网上沟通了几次，甚至连面都没见，对方就表示愿意和他们公司合作，并且约定两天后见面签约。

公司对吕杰大为赞赏，不但许诺给他现金奖励，而且公司老总亲自提出，只要单子签约成功，立刻将他升为部门经理，顶替原来经理的位置。

这天下班，吕杰兴高采烈地来到和朋友约定的地点，吃喝没一会儿，便跟朋友大肆吹嘘自己马上要升职，而且还给公司签了个大单。大家纷纷恭喜。酒过三巡，有朋友提起他们共同的好哥们向南最近家中出了点状况。

向南的父亲得了重病，因为家里年前刚换了房子，欠了一些债，现在正四处筹钱。他父亲那个病说白了就是烧钱，癌症晚期，每天在医院里治疗。最开始他老婆还从娘家拿钱来贴补，可是几天就花光了。现在连他老婆都坚持不住了，带着孩子回了娘家，向南一筹莫展。

大家都唏嘘人生变化太快，前段时间所有人都羡慕向南在市中心买了房。可他老父亲突然住院，现在哪怕卖了房也补不了他父亲治病的那个大窟窿，而且向南的老婆坚决不同意卖房。向南很理解老婆的想法，那是给他儿子留的，不能因为父亲这治不了的病而耽误儿子上学。

可是人遇到这种事能怎么办，咬牙也得坚持着，总不能不管吧，他只能四处筹钱，能挺一天是一天。

吕杰听着，喝着小酒一阵唏嘘，突然问：“那他问你借钱了吗？”

“借了，我现在也拿不出来多少，所以也只能尽量帮一些。”朋友说。

“啧啧，你还敢借钱给他？他这得等到什么时候才能还上。买房他还欠了不少债呢，而且，他肯定不止借你一个人的！”吕杰撇着嘴巴说道。

大家突然都沉默了，谁也没有接吕杰的话，气氛有些尴尬。就在这时候，向南来了，满脸疲惫，整个人都消瘦了不少。

大家也没有过多的安慰，很快就聊到了其他的话题。

“对了，吕杰，我想问你个事……”向南突然坐到吕杰的身边。

吕杰有些慌乱，没想到向南会来找他。

这不是找他借钱还能是什么？

他忙侧身躲开向南想要搭在自己肩膀上的手，有些防备地说：“我可没钱。你知道的，我就是个月光族。我不是不帮你，我是帮不了你。你看看你现在的情况，两年，三年，你还得了吗？你是不是这一圈都借了，但没人肯借给你，所以现在把主意打到我身上了？”

向南的手停在半空，半晌都回不过神来。

还没来得及解释自己并不是要借钱，身边已经有人拉吕杰，让他说话不要这么难听。可是吕杰哪里听劝，一本正经地分析了一通，用轻蔑地看着向南。他恨不能把话说得再狠一些，这样就不会被向南惦记借钱了。

“别说我不把你当兄弟，你爸都那个情况了，花多少钱进去都是打水漂，我劝你还是多为你自己想着点。你到处借钱，到时候拿什么还，你还有老婆儿子要养呢。大家当你是朋友才借钱给你，可你也不能只顾着你自己，咱哥儿几个，谁也过得不轻松。我看你啊，差不多得了，扛得住就扛，扛不住也不能坑自家兄弟。”

吕杰的这番话，所有人都惊呆了。

真没想到平时和向南称兄道弟的吕杰，翻起脸来一点情面都不留，直戳人心窝。人家向南可一句借钱的话都没说呢。

见向南不吭声，吕杰自以为说中了他的心思：“我说兄弟，你家都这个情况了，你怎么还有心情出来喝酒啊，难不成借这小聚，看看谁还能再借给你一些？”

向南阻止了想要劝吕杰少说几句的朋友，从包包里掏出一叠钱放在桌上，双眼直视吕杰，说：“我今天是来还钱的。我把我家房子卖了，老爷子的癌细胞控制得不错，主任说若是手术成功的话还能撑几年。我听说你认识这方面的专家陈医师，想拜托你帮忙引荐一下。当然我也不是让你白帮忙，我连红包都给你准备好了。真是落魄的时候才知道你身边的是人还是鬼，你今天把我贬成这样，看来我这个朋友你是不准备交了！”

吕杰懵了，但碍着面子还是梗着脖子说：“有什么大不了的，不过是酒肉朋友，还真拿自己当回事！”

他起身就走，本以为会有人劝架，没想到没有一个人拦他。

他回头，看着大家陌生又鄙夷的眼神，恨恨地离开。从此那群朋友的聚会，他再也没有去过。

吕杰不知道的是，自己一直把这些朋友当成是酒肉朋友，所以了解得也不多，更不知道向南是安美卡公司的业务经理。而他最近接手的单子正好是向南负责的，所以他们部门经理那么困难都没谈下来的业务，他自报了个家门，对方就同意合作了。

真是无巧不成书，全市就这么几家大型公司，而吕杰和向南就这样在圈子里相遇了。

原本实力相当的几个公司，在一切合法的情况下走程序，吕杰所在的公司，向南是放在最后考虑的。但听到吕杰的名字，他向领导全力推荐，这才优先选择了吕杰所在的公司为合作伙伴。

吕杰刚到公司，就接到了第二天的签约会面取消的电话。

吕杰懵了，不明白到底哪里出了问题。

公司领导大发雷霆，扣除他所有奖金。吕杰从云端摔到了地狱，却一直不知道原因，直到最后在资料结尾看到对方代表签名之后，才知道安美卡公司的项目是由向南负责的。

若当初吕杰不那么咄咄逼人，给向南留一点颜面，事情一定不会是现在的样子。有时候，你把别人当酒肉朋友，落井下石，有一天，当你需要帮助的时候，就会对自己的行为悔不当初。

说话不要太刻薄，做事不要太极端。

不要让你即将到来的福运，断送在那一张没有把门的嘴上。

凡事留一线，顾全对方的颜面，对人对己都是有益无害的。

朋友之间，若做不到推心置腹，至少在别人遇到困难的时候，不要落井下石。能帮一把是情分，不愿伸以援手，对方也不会太过苛责。人的一生，谁没有几次落魄的时候，不要在你需要帮助的时候，才抱怨人心冷暖。

第三节

察言观色，把自己代入对方的角色思考问题

把自己代入对方的角色去思考问题，说白了其实就是换位思考。

当我们不能理解对方做出的一些举动的时候，不要急着去指责，而是应该站在对方的角度去思考为什么他会这样做。

这样的思考不仅可以理解对方的做法，也可以让自己在思索的过程中领悟到自己是否也有类似的问题，不但可以获得对方的认同和好感，还能帮助自己一起进步。

一个懂得察言观色的人，在与人交往的过程中会让人觉得舒心。这样的人通常都懂得照顾他人的感受，也擅长和人交往，也就是我们所说的情商高。

而不懂察言观色的人，通常不顾对方感受，体会不到对方的难处，有时候伤害到别人也不自知，这一类人通常都比较自私，也更容易被人排斥，这便是我们所说的情商低。

在日常生活中，我们更多的时候是以主观态度去思考问题，优先以自己的知识点和认知去与人相处交谈，一旦起了争执，很难快速站在对方的角度思考问题，争吵由此产生。

当我们遇到不能理解的问题时，可以换一种方式询问对方，了解对方的想法，而不是一出现问题就指责、谩骂。

就如情侣在相处过程中，男生不懂女生为何敏感，怎么突然就生气了。

这时除了回忆事件的本身，还应站在她的角色中去，以她的角度和思维去感受，才能更好地解决两个人之间的矛盾。而不是女生一生气，男生就哄，哄完了之后还是不知道女生为什么生气，只是一味地妥协。

而女生发现自己的情绪虽然被安抚了，但真正的问题依旧还在那里，下次再遇到相同的情况，只会叠加上一次的情绪，爆发得更加厉害。

朋友之间也是如此。

随着感情的加深，有时候朋友之间的相处也会产生信任和依赖感，我们都习惯在熟悉的人面前卸下心防，感情越深所暴露的缺点就越多。这时候如果对方的一个举动让你觉得失望或者无法理解，就可以换位思考。

周全人如其名。

她为人处事十分周全，凡是别人交代她的事情她都会尽可能地去完成好，特别是朋友的事情。照顾别人的感受和情绪，是她的优点，但偏偏也成为她的缺点——她无法理解别人为什么不能像她对待别人一样对她。

有一次她外出办事，交代甜甜帮她关电脑。甜甜既是她的同事，也是她的好闺蜜。因为担心甜甜下班忘记，她临下班的时候还在微信里提醒她。甜甜当时还答应得好好的。可是第二天到了公司，周全发现甜甜的电脑关了，而自己的电脑依然开着，周全顿时就不开心了。

甜甜一来，周全就责问："不是让你帮我关电脑吗？怕你忘记我还专门提醒你，怎么你还是忘了？平时你有什么事，我都优先处理，记得好好的，可我的事情你从来都不放在心上。"

"对不起，你知道我这人记性不好，特别健忘，前一秒记得清清楚楚的事，下一秒说忘就忘了。我也不知道自己这毛病什么时候才改得掉，真的很抱歉。"

甜甜赶忙道歉，并解释自己原本记得，关了自己电脑之后，正要去帮她关，可是突然来了客户，聊了一会儿之后就给忘记了。

"你怎么没忘记关你自己的电脑？"周全冷哼一声，就生气不理甜甜了。

虽然这是一件很小的事情，可是周全心里就不舒服了。以往甜甜交代给她的事，她总是办得妥妥帖帖，可是换成自己后，这么小的一件事她都办不好，这不是甜甜能力不足，而是根本就没有放在心上。

她真的有把自己当朋友吗?

周全想，如果一个人把另外一个人说的话放在心上，那么怎么也不可能忘记的，除非心里根本没那个人。

周全因此对甜甜疏远了很多。

直到有一次，公司安排周全和甜甜去见客户。周全先去了对方公司，甜甜回去拿文件，接待人员领周全上楼之后让她在会议室等着。甜甜因为不知道路让周全指路，周全一边听着甜甜所在的位置，一边给甜甜指路，让进了门右拐，然后上电梯到 37 楼。

可是等了好久甜甜都没上来，等甜甜找到这里的时候，会都快开完了。周全因为没有拿到甜甜手里的文件，差点误事。

甜甜因为自己的迟到很尴尬，周全心里也有不满。开完会，周全质问道："都跟你说了文件很重要，你怎么磨磨蹭蹭那么久才上来，我不是都给你指路了吗? 你看看，等你来的时候会都快开完了。"

甜甜好脾气地解释，当时进了门应该往左并不是往右。她听了周全的话，上了右边的电梯，结果跑到了另一栋楼。

周全有左右不分的毛病，在别人看来这是很不可思议的，可是周全就是没有办法在第一时间分辨出左右。如果人在现场还好，如果不在现场全靠记忆，就很迷糊。

明明是周全指错了路，却还对甜甜发脾气，周全心里有些自责，却说不出道歉的话。可甜甜不但没生气，还跟周全说："我知道你分不清左右，这件事不怪你，你别放在心上。幸好我及时赶到，没误了事儿。"

这件事之后，周全突然就理解甜甜了，看起来是两件完全不相关的事，可是她一下就原谅了甜甜：每个人都有自己擅长的地方，也有自己缺失的部分，就像她左右不分在别人看来实在是太过简单，而甜甜的健忘也是她不完美的那一部分。

如果当时她肯站在甜甜的角度去思考问题，就会知道甜甜不是故意的，这和她有没有把自己放在心上完全不是一回事。

站在对方的角度去思考问题，可以解决生活中很多琐碎的小矛盾。

感同身受这个词，并不是每个人都可以体会到的。察言观色，也不是每个人都能做到的。最直观的体会，就是当这件事发生在自己身上时，也许就可以理解为什么当初他会这样，为什么当初他会这么做。

可当事情没有发生在自己身上时，就更应该多一分理解和体谅。

就像是朋友给你安利一部电影时，你态度冷淡，因为你根本不感兴趣；可当你看到一个有趣的事情反馈给朋友，而对方冷漠没有回应时，你才能明白被忽视的感受原来是这样的。

己所不欲，勿施于人，如果自己都觉得那种感觉不好受，就要多顾虑别人的感受。

陈晨和女朋友丽丽又闹矛盾了。陈晨自己都不知道丽丽又犯什么病了，最近动不动就闹脾气使性子，要么当街跟自己翻脸，要么莫名其妙地生气。

就说今天，陈晨上了一天班，累得要死要活的，一回来丽丽就给他甩脸子，不仅饭没做，自己跟她说句话也爱答不理。

明明早上出门的时候，两个人还依依不舍，这才短短半天没见，就不知道哪里招惹了她。他觉得丽丽越来越难伺候，动不动就生气，真是莫名其妙。

“你没事又发什么神经？老这么闹有意思吗？”陈晨哄了半天也没哄好，他也来了脾气，直接吼了丽丽一句。丽丽一生气，直接摔门出去了。

本以为她出去转转就会回来，可是直到晚上十点，丽丽都没回家，打电话她也不接，发了几十条微信也不回。陈晨这会儿又急又气，没办法，只得穿上大衣去找她。

刚出门就在公园的长椅上看到冻得瑟瑟发抖、蜷缩着的丽丽。

他看得一阵心疼，可是一想到自己为丽丽着急了一下午，就又发了脾气：“你看看你手机，我跟你打了多少个电话，发了多少条微信，你一条都不回，你知不知道这样我会很担心？”

丽丽听他一吼，眼泪立刻就流出来了，质问道：“你说我没回你信息，那你看看你手机，我中午给你发了多少条信息，你有回复一条吗？”

陈晨一怔，忙解释道：“中午我在忙啊，哪有时间回你消息，你又不是不知道我在上班。”

“你上班没时间回我信息，却有时间发朋友圈？回复我一下很难吗？我只是想问问你晚上吃什么，你累一天了，想给你做点你喜欢吃的菜，可是我的热情换来的却是你的冷漠相对。你知道我当时有多失落？你有空玩朋友圈却懒得理我一下，还问我为什么生气？”丽丽喊道。

“可是，你也看到了，我朋友圈发的都是跟工作有关的事啊，又不是在玩。”陈晨狡辩。

“所以你看我消息的时候，直接关掉，就去忙你的事了，你有没有考虑到我的感受？回一句话需要你多少时间？哪怕你说一声你在忙，我也不会继续打扰你。可我就那么傻傻等你回复等几个小时，以为你没看见，一直到你发朋友圈，才知道你只是不想理我而已……”丽丽冷笑，本来温柔的眼睛此刻冰冷无情，“所以，我想问问你，刚刚我不接你电话，不回你信息，你是什么感受？”

陈晨无话可说。

“而且，这已经不是第一次了。你不是想知道我上次和你上街为什么莫名其妙生气吗？我来‘大姨妈’肚子疼，跟你说找个地方坐坐再走，你吼我，说我怎么那么多事儿。当时那么多人看着我，你知道我有多尴尬，我恨不得找个地缝钻进去。”

陈晨喏喏地低语：“你也没跟我说你来‘大姨妈’了啊，那会儿天都快黑了你还磨磨蹭蹭，我当然着急了。”

“就算你着急，也可以好好说啊，你当时就吼我，不给我留一点脸面。我没要求你像别的男朋友，记得女朋友每次生理期是几号，但你至少看得出来我身体不舒服吧？你说我把你扔在街上转身就走，不给你留面子，你给我留面子了吗？”

陈晨听罢，觉得自己确实有些过分。

丽丽又说了很多自己对他不满的地方。陈晨一一回想，才知道很多事情都是自己没做好，没有站在她的角度去考虑，不明白的地方也没有询问清楚，才会导致丽丽的脾气越来越坏，两个人矛盾不断。

之后的相处，每次丽丽生气，陈晨都会先检讨自己哪里没做好，然后站在她的角度去考虑问题，想不通的地方先跟她沟通，然后很多事情慢慢地就水到渠成。两人之间的隔阂也越来越少，丽丽又变成以前那个温柔体贴的女孩。

多站在对方的角度去思考问题，才可以做到感同身受。自己觉得难受的事，就避免让对方承受。

而在工作和生活中，要站在对方的角度思考问题，就要先学会察言观色，从对方的角度去思考问题，也能帮助你在与朋友交谈、与客户交谈的时候，第一时间捕捉到先机，了解对方的需求和心理倾向，更快捷、更准确地达成目标，得到对方的信任和认可。

《论语 · 颜渊》里，子曰：“夫达也者，质直而好义，察言而观色。”孔子告诉我们，做人要做个好人，做个善于察言观色的好人。

很多时候，一个人的情商比智商更重要。

在社会中，我们每个人都要与其他人交往，情商太低，伤人伤己，更会让自己陷入各种尴尬和逆境之中。

好友阿甘跟我抱怨，公司的领导对他有意见，不管他说什么做什么，领导总是挑他的刺，不管他多努力去做好一件事。

“哎，都怪我，性格太耿直，人善被人欺。”阿甘感叹道。

我太了解阿甘的脾气了，没好意思说他情商太低，容易得罪人，只好从侧面提醒他：“这其实跟性格没什么关系，只是有时候要学会察言观色，在合适的场合说合适的话。”

“你不是我，你不明白，我就是性格太耿直，所以领导才会看我不顺眼。”阿甘感叹，“就像这次，我们‘双 11’的产品没卖好，积压了很多货，我去领导办公室找他，刚好当时总公司的人也在。领导就问我什么事，我当然就实话实说了啊。”

我一愣，知道又要出问题了，问道：“你说什么了？”

“我就说这次‘双 11’销量不理想，进的一堆货没卖出去几样，今年的业绩又要降低了，得提前想办法来解决问题。然后他就黑着脸让我出去。我说错什么了吗？我也是为了公司好。”阿甘抱怨。

我一听，顿时明白了问题出在哪里。

“所以你就出去了？”

“当然没有。”阿甘说，“我问题还没汇报完呢。我接着说，卖出去的那一部分，还有不少人要求退货，折算下来还是一笔不小的损失。可我话没说完，总公司的人就走了。当时领导脸都绿了，把茶杯都摔了。我也是为公司着想，真不知道他发什么脾气。”

我一听，脸也绿了。

我问他：“你有没有站在你们领导的立场去思考过？明明知道这次的事情你们领导会承受很大的压力，你还当着总公司的人的面揭他的短，你就别抱怨了，领导没把你开除已经算是很好了。”

察言观色，说该说的话，做该做的事，站在对方的角度考虑问题，是一个人高情商的表现。

当我们身为朋友时，要考虑对方的个性与你不同，所做出来的决定也会不同。如果无法赞同，也不必指责。

当我们身为恋人时，要站在对方的角度去看对方的付出和自己给出的回应，才能理解为什么对方又生气了。

当我们身为员工时，应该站在老板的角度去考虑。最直接的便是如果你是老板，你愿意聘请现在的自己吗?

当我们身为子女时，要站在父母的角度去理解他们的出发点、他们的担忧，而不是一味地觉得他们思想落后，什么都不懂。

当我们身为父母时，应该考虑我们所知道的一切都是从孩提时代经历过之后才成就了今天的自己，而不能要求一个孩子突然间长大。

角度不同，看到的结果也会不同，最重要的是不要因为一件事就去否定一个人，就事论事而不情绪化，更不要因为某一件事就否定对方的付出。理智也是人与人交往过程中很重要的一点。

第四节

善于发现别人的优点，并经常真诚赞美

我们前面说过，人们都喜欢和让自己觉得愉快的人相处。同样，人们也都喜欢和经常赞美、肯定自己的人相处。

肯定使人自信，赞美使人进步，无论是孩子还是大人，无论是家庭还是工作，无论是朋友还是陌生人，在与人相处的过程中，我们要善于发现别人的优点，并经常真诚赞美，你会发现周围的一切都会变得越来越美好。

那个怎么都教不好的孩子变得懂事听话了，那些曾经你很讨厌的人变得可爱了，那些你总觉得不顺的事变得顺心了。赞美是一种有魔力的语言，可以让世间的一切都变得美好而充满生机。

同事家有一个六岁的小男孩，名叫星星，和我住一个小区。星星长得机灵可爱，很聪明，也很让人头疼，是小区里出了名的熊孩子。

同事经常跟我抱怨，说孩子不听话，今天又把谁家小孩打了，明天把谁家车给划了，要不就是把家里折腾得不成样子，怎么教都没用，真是让人又爱又恨。打吧，下不了手；不打吧，屡教不改，费尽口舌都没用。

这天，同事邀请我去他家吃饭，刚到家，星星就乖巧地给我拿来了拖鞋。我心想，这孩子很有礼貌啊，哪有同事说的那么不堪。

我把拖鞋换上后脸色一变，瞬间不淡定了——脚底黏黏的，不知道什么是东西，可以肯定的是我被那小鬼捉弄了。

我抬脚想把鞋子脱下来，才发现里面倒进去的是万能胶。幸好胶水还没干，鞋子很容易拿下来，但是已经感觉到脚底的皮都变硬了。我手忙脚乱地去脱袜子，袜子脱下来脚底还是粘了一层浮毛，抠都抠不下来。我当场就有一种想哭的冲动，脚底这块皮，怕是要废了！

星星见诡计得逞，笑得在地上打滚。

“你这孩子怎么这么坏呢？”同事又急又气，抓住星星就打他屁股。星星被打得哇哇大哭。

我见状，忙跳着去拉住同事，把那恨不得掐死的熊孩子护住。没办法，谁让我是大人呢？然后我让星星去帮我搬个凳子。

平时要指使这孩子做点事怕是不容易，不过现在同事被星星气坏了，星星发现不对劲，飞快地跑去给我端来了小凳子。我仔细看了看没问题，这才放心坐下，然后对同事说：“小孩子都调皮，你也别黑着脸了。你看看，这孩子也是很懂事的。”

星星脸一红，不好意思地看我一眼。

我摸了摸他的头夸赞道：“没想到星星这么勤快，真懂事，刚才你往鞋子里放胶水，是和叔叔开玩笑的对吧？”

星星不好意思地点头。

“可是叔叔现在脚底都是胶水了，你说怎么办？叔叔以后走不了路了。”我装作可怜兮兮要哭的样子，星星立刻急了。

“会走不了路吗？”星星急忙掰着我的脚看，看到我脚底的一块黑，星星便用手去抠，果然一点都抠不动，星星急得哭了起来，“对不起叔叔，我以为能洗掉的，那怎么办呀？”

同事吓唬他：“这么严重，估计要去医院了，不知道医生会不会把叔叔的脚锯掉，要流好多血，多疼啊，看你还淘气不？”

听同事那么诅咒我，我悄悄地踹了他一脚，低声说：“别老凶孩子，孩子是要夸的，就算他做错了事，换一种方式来解决，比你一味地骂他有用得多。”

同事不赞同地撇嘴：“小孩子犯了错就得打、得骂、得罚，不然他能上天。”

“你一边儿去，看我的。”我一脚将同事踹一边儿去。

“叔叔的脚真要锯掉吗？叔叔以后不能走路了？”星星大哭。

“你先告诉叔叔，星星是不是坏孩子？”

星星把头摇得像拨浪鼓一样，哭得上气不接下气地跟我道歉：“对不起叔叔，星星不是坏孩子，星星错了，以后再也不淘气了。星星去打水给叔叔洗脚，肯定能洗掉吧？”

他端着小脸盆来帮我洗脚，同事一脸羡慕，低声道：“臭小子长这么大还没帮我洗过脚呢，倒先给你洗了……你这是占我便宜。”

我白了他一眼，笑眯眯地看着小朋友抽泣着给我洗脚，摸摸他的头表扬道：“星星真懂事，你有没有给爸爸妈妈洗过脚啊？”

星星抬头一愣，摇头：“没有，都是妈妈给星星洗臭脚丫。”

“懂事的好孩子都会给爸爸妈妈洗脚，星星刚才说自己不是坏孩子，那就是好孩子，对吧？”

“嗯嗯。”他忙不迭地点头，“以后星星也给爸爸妈妈洗脚。”

“真的啊？以前听你爸爸说你不听话，我不信，今天一看，你竟然这么懂事，我就知道你爸爸乱说的。”见星星还是一脸着急的样子，我安慰道，“别害怕，叔叔的脚没事的，咱们发现得快，要是鞋子和袜子没拿下来，叔叔的脚可就真的要流血了，到时候叔叔肯定会像你一样哭的，下次可不能调皮了，知道吗？”

“叔叔的脚真的没事吗？”星星小心翼翼地跟我确定。

我重重地点头，擦干脚，强忍着脚底板的不适坐到了沙发上。

之后的时间里，小朋友像变了个人一样，饭菜上桌前，忙着摆椅子，我见状，夸赞道：“星星真勤快啊，我们家那臭小子，吃饭的时候都不知道给爸爸妈妈帮忙，要是他有星星这么勤快就好了。”

星星听得开心极了，又去厨房拿筷子摆好，像个小大人一样忙进忙出，也不淘气捣蛋了，同事都觉得不可思议，问我给星星灌了什么迷魂汤。

“赞美。”我神秘兮兮地对他说道，“对于小孩子来说，赞美比棍棒更有效。打着打着就皮了，越打越不听话，下次你多发现他的优点，观察他做的好事，试着多夸他，多肯定他，过阵子看看他的变化再说。”

过了一段时间之后，同事兴高采烈地来跟我报告，说那夸赞的法子真有用，星星现在惹事的频率低多了，也不出去打架了，连幼儿园的老师都夸他变化很大。

肯定和赞美能培养一个人的自我约束力，培养一个人的自律、自觉的能力。无论是小孩还是大人，都需要其他人的肯定，才能让自己更加自信，去做一些自己认为对的事，减少犯错误的频率。

而善于发现别人的优点并加以赞美，是我们应该具备的基本素质。

很多家庭矛盾的增多，往往是因为我们忽视了对方令我们舒适的优点，在无形中放大了对方的缺点和错误，并抓住这个缺点不放，导致矛盾积压。很多小事一件件积累起来，往往会爆发大的矛盾，甚至让一个家庭破裂。

而朋友之间的相处也是如此，我们如果经常放大对方的缺点，而看不到对方优点的话，友谊也会变得脆弱不堪。

所以要有一双善于发现美的眼睛，挖掘对方潜在的优点，并加以肯定和赞美，不但会让我们的感情更加稳固，也会让自己赢得旁人的好感，成为一个人见人爱、能带给别人温暖的人。

小花是公司里普通的员工，大家都很不喜欢她。因为她太负能量了，每天来的第一件事就是深深地叹一口气，不大的办公室瞬间就笼罩了一大片乌云。去茶水间接水，如果碰上要等一会儿的情况，再遇到同部门的同事，她就会开始抱怨自己如何辛苦。

最让人生气的是，她虽然每天都在传递自己想辞职的想法，却从来没有去辞职。

没有人愿意和她玩，连午餐时间大家都躲她躲得远远的，她一个人看上去更加愁容满面。直到公司来了新员工小晶，大家才发现小花慢慢开始转变了……

最初小晶和小花走到一起的时候，还有“好心人”提醒小晶，离她远一点，否则情绪会被影响的。小晶笑笑，没有拒绝，也没有同意，每天依旧陪着小花一起打水、吃午餐。她的工作和小花是有交集的，她手上的工作完成之后，后续的工作都是小花做，但最终确定和整体的流程是需要小晶把控的。

“今天早上等公交，原本有位置的，结果被一个大男人给抢了，你说说一个大男人怎么好意思抢我的位置？”刚进公司，小花就诉苦。

小晶笑了说：“也许是想坐着仰视你吧！或者……怕他站着你坐着，然后你们还一样高？”

“噗……”小花笑出声来，说，“你怎么这么逗呀！”

一起等开水时，小花的情绪又低了下来：“想想一会儿又要开始改那些图纸，我整个人都不好了。真的，感觉快崩溃了。”

“能者多劳你听过没有？你能力这么强都说快崩溃了，那别人怎么办？而且你昨天就做得很好啊！”

“是吗？”小花问。

小晶很郑重地点头。

回到位置上，小花很快便把第一部分工作赶了出来，传给小晶后等她的答复。小晶检查完之后对着小花竖了个大拇指，表情很认真。这个举动给了小花极大的动力，那些原本让她很烦躁的图纸一下变得没有那么讨厌了，在预计的时间之前就全部完成，得到领导的奖励之后，两个人都很开心。

同事们这才发现，小花竟然在不知不觉中慢慢改变了，很少再抱怨这个抱怨那个。特别是有一次同事在抱怨工作时，她居然还站出来劝解：“我知道你现在肯定很火大，要是我，我也火大，可是你这么优秀，多包容一些，先把事情解决了吧！”

所有人都惊呆了，这还是他们之前避之不及的小花吗？

人以类聚，物以群分，这句话是有道理的。

和开朗阳光的人在一起，自己的内心也会变得快乐起来；和积极努力的人在一起，自己也会忍不住拼命向上；和聪明的人在一起共事，自己也会变得不再迟钝；和大方宽容的人在一起，也会变得不再小气计较。

能走到一起成为朋友的，大多三观都不会相差太多。而每个人都会有自己的闪光点和自己的不足，善于发现别人的优点，并经常真诚地赞美，会让人产生更多的自信心，也会使身边的人更快乐。

和别人相处，不能只盯着别人的缺点，就像聪明的人有可能也会很小气，工作很认真的人也有可能会不停地抱怨，这些人都可以成为自己的朋友、同事，学习他们身上的亮点，比盯着他们身上的缺点，不停地去嘲笑要好得多，也可以让自己学到更多的东西。

赞美，不能过度，更不能浮夸。

有时候一通天花乱坠的赞美还不如小晶的一个点赞的动作来得实用，这才是真实的，是可以让人感受到力量的，再将这种力量化为动力，工作才能做得更好更快。

朋友美仪曾经说过他们公司有一个让人神烦的“马屁精”，不分场合，不分时间，找到由头就去夸上司，每次都弄得周围的人都很尴尬。

有一次，他们的项目遇到一个困难，怎么都解决不了，客户也不愿意配合，非要他们拿出合理的解决方案。这原本不是他们的过失，可这不是给客户的理由，最后大家决定在下午例会的时候上报给上司。

上司得知事情的原委后，一通电话就将事情完美解决。

美仪实在忍不住，对上司说：“领导，牛气！”

大家也全都在用崇拜的眼神看着上司，心底是服气的，当领导的眼界和思路就是比他们这些普通员工要宽很多。

这件事原本在美仪一句夸奖就结束时，“马屁精”突然跳了起来，用极大的音量说：“领导，我太崇拜你了，你怎么这么厉害！我们所有人想了这么久都不知道怎么办，您一个电话就给解决了。您完全就是神啊！”

所有人都愣了，觉得他怎么能不分场合就拍领导马屁，领导的脸色更是难看，憋了半天说了一句：“只能说明你把心思花在了不该花的地方，没放在工作上。好了，会议继续。”

他闹了个无趣，安静地坐了下来。原以为就这样结束了，可谁知整个开会的过程他都满脸幽怨地盯着领导。

之后没多久，他就被劝退了。

所以，当我们发现他人的优点时，一定要把控好“真诚”两个字。真诚的赞美会让人开心，会让人如沐春光，心生希望，而不真诚又浮夸的赞美，只会让人尴尬。

发自内心的赞美，才会被人认可和感受到。我们身边有些人经常为了达到某种目的，把赞美当成一种上位和赢得别人好感的手段，他的话自然会显得很虚假，让人觉得恶心抗拒。

然而，我们不能否认的是，生活中确实有一种人只喜欢听别人的夸奖，不辨真假，听不进一句忠言。

如果只是一味地喜欢听别人夸奖的话，而不去分辨话里的真假对错，那只能说明这个人爱慕虚荣。虚荣只会束缚一个人的进步和发展，让自己失去机遇，让企业失去人才，让自己的脚步停滞不前。

我们从一出生，就有一颗善于感受的心，我们会辨别真伪，感受到哪些人的话是发自内心的，哪些人的话是虚与委蛇的。我们喜欢得到别人的肯定，并且被赞美，但并不是所有的夸奖都能接受。

真诚比好听的话来得更实在，更有力。

与人相处，要善于发现别人的优点，发掘别人的美好之处。虚心学习并真诚赞美，是对别人的一种肯定，更是对自己的一种鞭策。

人的眼睛是心灵的窗户，用我们这双美丽的眼睛，多看到别人优秀的一面，自己也会变得更加美好。

第五节

拒绝借口推诿、推卸责任

没有担当的人，大多数都伴随着“懒散、粗心、草率”的坏习惯，这些坏习惯会让他们在工作上不停地犯各种错误，每当错误发生之后，他们又有诸多借口、理由来证明，这一切不是自己的责任。

谁都有错，唯独他没有错，或者他的错是最小的。

这样的人无论是在生活还是工作中，都很难和优秀挂上钩。

一家空调公司刚刚研制了一种新机型，他们将新机型的样机做了三种，出来调试之后，准备送去 3C 认证。临出厂前，项目经理和实验室经理一起再次检查样品，突然发现有个空调发出的声音不对劲。

巧的是正好在这时候，总经理过来了，他很快就发现这个空调里有多余的零件，不是没有安装好，就是遗落了。

无论是哪一种情况，都是他们公司不能容忍的。

因为这个不属于技术范围，而是是否细心、是否认真对待自己工作的问题。他可以允许技术上出现问题后的调整、修改，但却不能容忍员工如此不认真对待工作。

机子被拆开，技术人员发现并不是空调没有安装好，而是有人遗落了一颗小小的螺丝在里面。

总经理看着屋子里所有人，不说话。

“是我的过失，我带领的团队出现这样的问题，是我的管理有问题。”项目经理第一个站出来，“我保证这样的事情以后不会再发生，并且会严格要求每一名员工在今后的工作中认真负责。”

总经理还是没有说话。

“这也是我的责任，虽然样机还没有送出去，但是之前我们检查过一遍没有发现这个问题，这说明我们工作中还存在失误，是我们检查得不够详尽。我会尽快想好怎么解决这方面的问题之后再报告给您。”实验室经理也站了出来。

总经理还是没有说话。

几名员工有些惴惴不安了，他们很清楚这颗螺丝是谁落在里面的，每个人负责的工序和机子不同，这颗螺丝只有可能是陶治落下的。大家不约而同地看向陶治。

也许是气氛太过紧张，陶治抬起头扫了一眼所有人，见总经理也盯着自己看，知道自己逃脱不了责任了，便满不在乎地说："不就是遗落了一颗螺丝吗？又不是多大的问题。再说，这只是样机，又不是给客户安装使用的，不也还没送3C认证吗？这几天为了这三台样机，我们每天加班到三点多，第二天八点就得准时来上班，出现这样的失误肯定不能全怪我们呀。更何况，其他部门不也没检查出来。要是上次就检查出来，我肯定已经弄好了。"

总经理看着眼前这个已经不再年轻的中年人，笑了："你进公司快4年，从来没有犯过任何大错，可是小错不断，每一次都找理由逃脱过去，却在下一次犯同样的错误。你觉得落下一颗螺丝是小事，如果没有检测出来那就是两个经理的问题，是他们没有把好关，对吧？你是不是觉得，最后公司损失的不过是三台样机的钱？我知道你是怎么想的，但我今天不和你说这些道理，我要告诉你的是，我不希望公司有这样的员工。"

陶治不服气，这明摆着是要开除他，于是更加气愤地说："这难道是我一个人的责任吗？是不是因为他们职位更高，对公司的作用比我重要，所以现在要我背这个锅了？你不敢开除两名经理，所以让我一个员工来背锅。这是假公济私，你这样的公司我才不想待！"

他转身就走，没有人挽留他，去财务室结工资时，财务也以最快的速度打款给他，似乎害怕他纠缠。

他走后没多久，其他同事再一次认真地检查了其他样机，确认没有问题之后才送走。

总经理宣布，他们这个月不仅加班费翻倍，还有额外的奖金：“公司欢迎像你们这样对自己、对工作认真负责的人来工作，只有这样我们才能一起走得更远。”

我们都不喜欢只会找借口还推诿责任的人，有时候却不小心就变成这样的人。

借口和推诿让我们难以成长，更难变得优秀。放眼望去，但凡成功者，都是勇于承担责任的，他们有自己的担当和责任，有自己的目标和抱负。

而畏畏缩缩没有任何责任感的人，只能安于自己的一片小天地，有的甚至连自己的小天地都守不住。

同事之间不比朋友，更不比家人，没有谁愿意为你背黑锅，更没有谁愿意为你扫尾。没有人愿意像家人一样给你漫长的时间去成长。

公司，一个温暖又残酷的地方，它是我们的另一个家，也是硝烟弥漫的战场。如果分不清自己应该负责和承担的，那么势必会在碌碌无为与淘汰的边缘徘徊。

在职场中，出现问题要做的第一件事，不是找谁承担这个责任，而是如何解决已经发生的问题。尽快找到方法弥补，将损失减到最小，最后再来核实责任。自己要承担的那一部分，勇于承担。竞争法则虽然残忍，却也并非零容忍。

承担责任是成年人基本的担当，这会让人欣赏，还会更让人产生信任感。

小美是图书编辑，她的工作是负责整套图书的编校流程，把控时间，并且分配任务。

有一次，交付给印厂的封面上有错别字，在最终确定下印厂前谁也没有发现这个错误。最后样书交付给出版社时，她才发现错别字居然就印在了最明显的地方。如果是其他小字还好，偏偏错的还是作者的名字，而这个作者还是知名作家。

主编第一时间开会，大家在讨论如何解决的时候，美编先跳出来说："这个封面是我做的，但文案不是我做的，所以这个不是我的责任，是文案出现问题了，所以这个问题应该好好问问文字编辑才对。"

小美没有说话，封面文案确实是她做的，自己也检查过，没想到还是出了错。虽然后来又安排了核红编辑进行了三次检查，但大家都没有发现这个错误，此刻她只想知道这个损失要怎么解决，而不是追究谁的责任。

没有人接话，美编有些尴尬，再次强调："如果要扣工资可不能算上我的，我哪知道作者名字是对是错？"

就在这时，作者给小美打来了电话，开口就问名字的事，作者对此非常不满。

"是，是我工作上的失误，我真的非常抱歉。您放心，这个封面绝对不会流传到市面上，对，我保证。再次向您道歉，您这么信任我……"

最终对方还是原谅了她，毕竟作者也清楚，她只负责把控整体流程，所以给了她时间去解决。

重印是肯定的，小美一边让美编修改封面，一边打电话和印厂确定最快的时间以及商量这次的费用。

电话刚挂，美编就把改好的文件拷给她说：“你是不是傻，文字编辑本来就不是你的工作，你也不说解释一下，你刚才开会的时候那样说，到时候就是你的责任了。”

“该是谁的责任就是谁的责任，这个有什么好躲的，现在首要任务是解决这个问题。推来推去，事情还是得解决。”小美没好气地说。

美编碰了钉子，气愤地留下一句“不识好人心”便走了。

经过小美各方面的协调，事情得到完美解决，她跟印厂争取了最大的折扣，加上还没装订，所以并没有损失多少。

就在这时，核红编辑拿着当初自己核对过的封面文案给他们，上面有主编和小美的签字，这一份文案里作者的名字并没有错，所以交付给美编的封案不可能是错的，只是美编自己粗心而已。

情况落实，美编当即在办公室大喊大叫：“我做完之后你们不是检查过吗？就算文案没错，那要追究责任也应该是核红编辑没检查出来，封面设计出来之后还打样送到出版社核查过，都没有发现这个错误对不对！怎么现在全都成了我的责任了？”

“是我没检查仔细，对不起。”核红编辑跟美编道歉。

“对啊，明明就是你粗心大意，现在害得我也被牵扯进来。你要是早点发现，我不就改过来了吗？所以这次的事，跟我没关系。”美编不依不饶，生怕牵扯上她。

“我们要求美编做完封面之后都要仔细检查一遍，核红编辑在检查出错误的基础上做最后的核对，很多时候比较相近的同音字很难被检查出来。我希望下次你做的封面，都要认真对待，不要再发生同样的问题。”小美对美编说道。

“你凭什么只说我？就是想让我承担责任呗，我是封面设计，又不是文字编辑，我哪知道你们检查那么不认真。而且我做一个封面才拿多少钱，大不了我不要这个封面的钱就是了。但是核红编辑得负主要责任吧？”美编不服气地喊道。

小美见美编那么激动，也没多说什么。这次损失小美担了大头，核红编辑也被扣除了一个月工资，美编没有被扣一分钱，因为从流程上来说，她确实不用承担责任。

可是她当时急于推脱的态度，让大家彻底看清了她的真面目。从此，大家都不愿跟她有过多来往，默默地跟她保持距离。

没过多久美编就辞职了。

后来小美没怎么见过她，只是偶尔听同行说，她在那之后接连换了好几家公司都做不长久。

显而易见，没有一家公司喜欢没有责任感的员工。

一个人的能力好坏并不是最重要的，重要的是一个人是否有担当和责任心。职场拒绝借口推诿和推卸责任。

勇于承担责任，不但可以让领导和下属更加信任你，还能培养自己解决问题的能力，让自己在一次次的错误中检讨反省，扎扎实实朝前走，不逃避，不推诿，面对困难和挑战迎难而上。

第六节

做错事勇于道歉，更容易获得别人的认同感

在很多时候，人们遇到错误时大多会选择逃避和推卸责任，希望以此降低自己需要背负的惩罚。

但事实上，做错事勇于道歉是一种有责任感、有担当的表现，承担自己应该承担的责任，而不是一味地推卸，虽然当时要承受很大的压力和指责，但与此同时，我们也获得了对方或领导的认同感，成为一个有担当的人。

“我不是！我没有！你别胡说！”时下很流行的“否认三连”被做成各种表情包风靡网络。作为一种搞笑素材，在某些场景下使用的确很合适，会让人觉得幽默风趣，但有些时候使用它，会让人觉得“你是认真的吗”的错觉。

都说我们是在犯错的道路中学会成长，就像小时候做作业一样，错了的题老师总会要求我们抄写以达到印象深刻，下次再遇到同类的题就不容易再出错。

长大后和亲密无间的朋友在一起，也总会遇到不开心的事情，如果想让友谊更牢固，我们知道不要随便去触碰对方的底线。

所以，无论我们年纪多大，都有可能会做错事。做错事并不可怕，可怕的是死不认错。

小邱、小亦和小黄三个是很要好的朋友，最近小邱和小亦都有意识地和小黄拉开距离。没有沟通，也没有约定好，都是聚会时发现对方都没有叫小黄，才知道彼此的想法是一样的。

那天，小黄问小邱借了 iPad，用了好久也没有还给小邱。若不是小邱的一些记录存在 iPad 里，小邱让小黄归还，小黄压根就想不起来这件事。小邱拿回来使用的时候发现屏幕上有一条小小的裂痕，还没来得及问小黄，又被小亦借去玩了。

后来小亦把 iPad 还给了小邱，为了感谢她借给自己，还专门带来了一袋橘子给小邱。巧的是那天小黄也在，于是小邱便问她关于那个裂痕的事。

话还没有说完，小黄就跳了起来："你怎么知道是我弄坏的？小亦也借了，没准是她弄坏的呢？再说，我还你的时候你都没有说话，这说明我还你的时候是好的呀！你至少也应该两个人都问吧！"

这态度几乎让小邱觉得自己是不是冤枉小黄了，但她也只是随便问问，那个裂痕并不大，也不影响使用。小亦一听，接过话说："我拿过来的时候也没细看，回去用的时候确实发现有一条小裂痕。没关系，如果你要换屏的话，我也可以出一部分的钱。"

小黄一听，脸又沉下了。

"出一部分？你的意思是我弄坏的？"

"哎呀没事，一条小缝也不影响使用，我就是问问。别因为一点小事影响我们的友谊。来来来，我们吃橘子。小亦，你买的橘子真甜。"

最后虽然小邱打了圆场，但终究是有点不开心。她知道这件事跟小亦没有关系，但她对小黄这种强横的态度非常不满。

本来小黄拿去用了那么久，她不提，小黄也不主动还她，而且屏坏了她也没说什么，更没打算让她赔偿，可是小黄却张口就往别人身上赖，而且那个人还是她们的好朋友，这种行为让她觉得不齿。

从那之后，小邱对小黄就有些疏远了。

而小亦疏远小黄的原因却不仅如此。小邱是一家出版公司的总编，而小亦是美编，当初她们就是因为工作关系而结交，平日里小亦除了一些修图的工作，也会接一些散单，做一些 LOGO 和排版之类的。

小黄的公司正好想设计一个 LOGO，她为了表现，直接把这件事揽了下来，还跟公司保证 LOGO 不但能做得漂亮还不用花钱，公司自然乐意。

于是小黄找到了小亦，让她帮忙做，小亦近期接的兼职多，本就忙不过来，便拒绝了。小黄当场就生气了，可她又跟公司打了包票，第二天又去磨小亦。耐不住小黄天天找她，小亦只好接了下来。

可是小黄对这个免费的 LOGO 要求颇高，来来回回让小亦改了三十多次，磨得小亦几乎要爆发的时候，才定了最终款。于是她给小黄发了 QQ 离线文件，并提醒她接收，而小黄当时也答应了。

之后半个月，小黄一直没提这件事，小亦一直以为这件事到这里就结束了。

直到有一天，小黄突然问：“我要的那个 LOGO 呢？不是让你定稿了就立刻发给我吗？怎么这么久了还没发我？”

小亦懵了：“我不是发给你了吗？”

“发哪儿了？在哪里？邮箱里我看过了没有呀！你这人怎么这样，明知道我急用你还拖拖拉拉这么久，要是用心点早就做出来了吧，是不是因为我没给你付钱所以你根本不上心？你说，现在我怎么向公司交差？你不会最后定稿还没做吧？你这人怎么这么不靠谱呀！”

看着小黄发过来一连串的指责，小亦生气了，她把 QQ 里发送的截图发给她说：“当时我还提醒你接收来着。你自己没收还怪我？我熬了几个晚上免费给你做，你挑来挑去让我改了三十多次。我其他活都没做完，文件发你了，你自己不放在心上，还来挑我的错了？”

“不就是做了个 LOGO 吗，你学这个的，能有多费事？要是你一次做到位了，我也不会让你改啊，改来改去我还烦呢。”小黄不以为意地嘟囔，“而且你发的这离线文件根本接收不了啊。”

“离线文件只保存一周，你现在去找也找不到了。”小亦压着脾气冷道。

“那你赶紧发给我啊！我这儿急着用呢！磨叽什么呢。”

小黄一点认错的态度也没有，小亦火冒三丈，干脆不理她。

结果小黄的电话立刻打了过来，小亦一句话都没说，小黄就指责她为什么当时不打个电话和她说一声，留言有时候会忽略就忘记了。她把这件事忘了，结果公司领导都对她有意见了，开会还批评她了，指责她做事没效率。

小黄的这些话让小亦又好笑又好气，明明是小黄自己的错，结果弄到最后还全部怪到她身上了。

“早知道这样，当初还不如找个设计公司做呢，我当你是朋友才这么信任你，你倒好，害我被公司领导骂，现在跟你说话还直接不理我了。如果不愿意做，当初你别答应啊。”小黄的抱怨还没有停止，“算了算了，现在跟你扯这个也没用，你倒是快点把文件发给我啊，一会我又要被骂了。”

“抱歉，我设计 LOGO 要钱的。你如果不好意思问公司要，就自己支付吧，支付后我再发原稿给你。”说完，不等小黄发作，就把电话给挂了。

事后，小亦还是将原稿给了小黄，也没有收她的钱，但从此以后，小亦就开始疏远她了。

蛮不讲理，死不认错，在未成年的世界里不讨人喜欢，更何况是成人的世界。

已经到了成年人的年纪，却无法遵从成年人世界里的规则，这样的人慢慢会被淘汰的。我们都喜欢和讲道理、懂进退的人相处，知道彼此的底线，尊重对方的劳动，以及爱护他人的财物，这才是一个成年人应该有的修养。

表哥有个玩得特别好的朋友，两个人并非同学也非同事，他们关系好得像是从小一起长大的哥们儿似的，好到几乎要穿同一条裤子。

表哥结婚的时候，他不仅来了，而且忙前忙后，整个婚礼比表哥的父母还要操心。由于他的操持，整个婚礼热闹又温馨，他还兼职当了伴郎、司机和司仪，最后还送上一个大大的红包，对表哥说："成家了，要成长了，要担起一个家的责任了。"

同样关于他的事情，表哥也十分热心，那是发自真心的一种友谊，关系好到让人羡慕。

有一次喝酒，表嫂问他们怎么就结下这么深的友谊，莫不是有什么故事?

两人相视一笑，表哥说："你知道我的原则，问我借钱可以，但是问我借车是不行的。那次他父亲生病，火急火燎央求我一定要把车借他回乡下。当时赶上假期，连机票都没有了。我出于无奈才把车借给他。借了三天，我提心吊胆了三天。直到他把车还回来我这心才落下。要知道，万一出什么事故我是要负责任的！车还回来那天，他把车洗了，我就觉得这个人还挺讲究，结果第二天我才发现，车没油了！我心里想，这人光是表面讲究啊，给我来这么一出！结果你猜怎么着?我刚准备发微信给他，他就拎了个油桶敲我家门了。这小子一进门就跟我道歉，说自己急着还车忘了加油。"

"我当时特别着急想把车还给他，就把没油这事给忘记了。人好心好意把车借我，我不能再让人糟心不是。"他笑着说。

"我当时就觉得这个人值得交！进门他就认错，之后微信还转红包给我，说是这几天耽误我用车了。后来慢慢相处，发现我们特别合得来，就成哥们儿了。”

人与人相处，有时候难免会做一些错事。

有些事小不值一提，可如果次数多了难免让人心中有疙瘩。

而勇于认错并且尽力去补救的人，就会发现生活中多了很多的机遇，有时可能会获得一个值得交往一生的好朋友，有时可能会获得一个就业的机会，有时还可能会获得意外的爱情。

但对于死不认错且习惯性推卸责任的人来说，日久终会见人心，慢慢地他只会被疏远，被孤立。

我们之前提到的小邱，是一家出版公司的部门的主管，由她负责书的总流程，从选稿、编辑校对、定稿、核红、印刷等全是由她一手抓。

这个月，一套新书上市，分上下册，大家都有把握这本书可以卖好。书印刷出来，闻着那股墨香味儿，大家都有如释重负的感觉，忙了三个月总算出成果了。这本来是一件值得高兴的事，可是样书刚出印厂，就发现封面上面出现了很明显的错误。

因为这是上下册的套书，两本封面极为接近，结果封面上两册书的内容简介和作者都写反了。这两本书，小邱已经安排部门的同事反复检查了四五次，自己也检查了几次，可是因为封面上并没有出现错别字，只是资料放反了，谁都没有检查出来。

小邱检查了封面设计文件，交给设计师的文字文件并没有错，这是设计师在制作封面的时候，不小心把资料放反了。

这可是出了大错误啊，印厂那一万六千多册书的封面要全部销毁重新印制，这是一笔不小的费用，公司领导大发雷霆。

小邱第一时间找到公司领导，承认是因为自己检查不认真，才会发生这么重大的错误，她愿意接受公司的惩罚。但是因为款项巨大，她没有能力承担这么大的经济损失，希望公司能酌情处理。

部门其他同事过去帮小邱说话，说大家都检查过了，因为没有发现错别字，而且大家对书的内容都不熟悉，哪怕真的内容简介和作者简介放反了也不可能有人看得出来，真正应该负起责任的是设计师。毕竟内容简介只有文字编辑一个人能看出来对错，而文字编辑并不负责封面核红检查。

公司也要求让设计师承担责任，如果对方不愿意承担，那么就花钱打官司，总之这么大的损失总得有人承担才行。

可是小邱知道封面是小亦设计的，而且小亦不是本公司的人，真要追责，小亦恐怕要承担所有的经济损失。

而且说来说去，是她最终签的字，不能把错误全部推到小亦的身上。

她跟领导说："我们部门的同事几乎每人都检查了一遍封面文件，可谁都没发现错误，但从技术角度出发，这怪不了大家。但这套书是我负责的，最后也是我签的字，设计师虽然马虎，但一般情况封面上有错误，后期都能检查出来，我也没料到这么多人都没检查出错来，我应该全力承担这次的过失。可因为款项太大，我这点工资也不够赔，让公司遭受这么大损失，是我的错，我愿意引咎辞职。”

公司领导愣住了，没想到所有人都为她开脱，甚至连领导都愿意把责任推到设计师身上，免了小邱的责罚，可没想到小邱会这么倔，死活都要把烂摊子往自己身上揽。

“你可想好了，你在公司做了这么多年才做到部门主管的位置，离开我们公司，一切都得从头再来，不要因为一时冲动毁了自己多年的努力。”领导劝道。

小邱内心纠结万分，可是她实在没办法把责任全推给别人：“对不起，领导，这件事我确实应该承担大部分责任。而且这套书的封面设计师我认识多年了，因为工作关系，现在我们已经成了很好的朋友，我不能让朋友替我承担过错。别说是朋友，哪怕是普通的设计师，这件事我也逃脱不了责任。因为我的过失让对方承担那么大的损失，我的良心过不去。而且这个设计师对咱们公司出版的书一直都尽心尽力，封面是一本书的容貌，更是一本书的灵魂，她为了我做的书都有好的销量，经常熬夜设计，做了不少新颖的方案，这些年也替公司赚了不少钱。我不能让一个为公司尽心尽力的人替我承担过错，希望公司能酌情处理。”

确实，小邱做的书销量都特别好，公司这几年仅加印都上千万册，何止是赚了不少钱，而且在业内也打出了名气。小邱是公司的一把手，领导当然舍不得她辞职。可这次的失误太大了，小邱又不愿让设计师承担责任，领导陷入两难。

最后，公司开会讨论之后，得出结论：小邱的这次失误，让公司承担了很大的损失，所以公司决定扣除小邱今年的全部奖金作为惩罚。但是因为小邱遇到错误主动承担责任，不推脱、不狡辩，做事认真负责，这是有责任心的表现，值得所有人学习，所以公司高层一致决定，让小邱任职公司主编。

小邱因祸得福，因为自己做错事勇于认错，主动承担责任，获得了领导的认同，也获得了所有同事的信赖和认可。虽然被罚了几万的奖金，但她也因此升职加薪，步入职场新高度。

由此可见，一个人做错事勇于认错，更容易获得别人的认同感，虽然自己因此会受到惩罚，但这是一个人有担当、有责任心的表现。没有公司愿意让这样的人才流失，也没有人愿意失去这样的朋友。

塞翁失马，焉知非福。

肯认错的人，是在一次又一次地战胜自己。

做自己该做的事，承担自己该承担的责任，不要因为惧怕错误，惧怕惩罚而把自己的过失推给别人。当你承担起了一切，你就会发现自身的素养和人格魅力也因此得到了升华。

第七节

一开口就直抵人心

都说好的歌声是有力量的，开口第一句就可以触动人心，好的说话技巧也是如此。

这种技巧不是夸夸其谈，更不是浮夸的表演，恰恰是去掉这些繁杂的内容，以最简单的方式去表达。

一开口就直抵人心，可以让我们在无形中树立语言权威，在家庭、社交、生活中帮助我们更容易获取对方的信任和肯定。

想必大家都听过或看过一档节目——《婚姻保卫战》，而这个节目给大家印象最深刻的人就是涂磊，为什么呢?

因为往往他一开口就直入人心，说的话一针见血。

涂磊一直以犀利、冷面著称，对情感分析颇有见解，他说话没有拖沓委婉的修饰，经常一句话扎到人心里，说哭了不少人，更让不少人囧得无地自容，但更多人对他的评语敬佩不已。虽然他属于“毒舌”系，可他能一针见血地指出问题所在。他敢说真话敢瞪眼，有时候直接开骂，可还是征服了不少人的心，就因为他的话说到了大部分人的心里。

而在职场中，最需要的就是这种敢于直言的人。当然，仅仅敢于直言是不够的，说不定会因此惹祸上身，你的直言需要够精、够准、够独到，句句说到症结上。

只有做到了以上几点，才能达到一开口就直抵人心的效果。

李曼迪代表公司去参加同行高层举行的一个酒会，在这里她不但可以见到很多平时只能在电视里见到的人物，还能认识其他企业的高层领导，更能拓展她的人脉圈，所以她分外看中这次机会。

公司最近想拿到一家企业的一个单子，若是成功，那可是一个大项目。

可是她只是公司的小职员，所在的公司也没什么名气，这次酒会是她好不容易争取到的机会，前提是她必须促成与另一个上市企业的合作。公司能拿到这样的名额实属不易，她不知道该怎样融入这个圈子并且多认识一些朋友，让别人注意到她。

她刚到达会场，就从人群中找到了那家企业的总经理李雷，李雷正在和另一个公司的人交谈。李曼迪装作不经意地走过去，听到对方谈的正是他们要争取的那个项目。

“李总，你可以放心，只要这次的项目交给我们，一定会让您放心。我们的公司从实力到能力，都是行业中出类拔萃的，区区一个有机蔬菜的广告宣传，肯定不在话下。我们可以联系明星代言，从地铁到公交、机场、马路等所有区域进行宣传，要不了多久，我们定会让贵公司的品牌走进千家万户，深入人心。”

广告公司的同行侃侃而谈。从他的言语中，李曼迪知道他是同行中很有实力的一家企业，每次的广告宣传都很成功，确实不负他口中的出类拔萃。

而那位李总一直默默地品酒，并没有对他说的多做评价。

听了一会儿，李曼迪心中有数了，便走了过去。

她没有自我介绍，也没有俗套的开场白，而是浅笑着举起酒杯：“冒昧打扰一下，刚听到这位同行说到贵公司对有机蔬菜的宣传，想问一句，贵公司对有机蔬菜宣传的理念和宗旨是什么？”

广告公司的同行一愣，不由得皱眉：“您是哪位？难道不知道打断别人的谈话是很没有礼貌的行为吗？”

李曼迪不理他的质问，而是对着李总轻笑：“是健康，是绿色环保，是无污染。”

李总眼睛一亮，不由得对李曼迪多了几分兴趣。

“而我刚才听这位先生跟您谈的宣传，只有耀眼的外表，烧钱堆积起来的曝光率，还有所谓的明星效应，当然，这确实可以让贵公司的品牌在最短的时间内深入人心，但这却不是消费者内心想要的东西。”

“有意思。”李总笑着对她举杯。

见李总对李曼迪产生兴趣，同行急了，忙打断道：“你在胡说什么，大范围宣传怎么就不是消费者想要的，在同行中有哪家的实力能比得上我们。只要品牌深入人心，消费者自然就会认准这个品牌。你是哪家公司的，你难道没听过我们企业的大名吗？不要在关公面前耍大刀，这只会显得你们公司很不入流。”

“预算呢？”李曼迪也不与他争执，淡淡地问了同行三个字，转而继续对李总说道，“不知道李总对这次广告投入的预算是多少？”

李总一笑：“你继续说下去。”

李曼迪笑了，继续说道：“当前社会深入人心的品牌太多，当然，如果真的能成为同产业的品牌龙头，让所有消费者因为品牌而信赖产品，也是不错的选择，但李总考虑过没有，做这些事情需要的代价是很大的，而效果却不一定尽如人意。”

“所以呢？”李总笑着点头。

“从产品的根本出发，为什么大家愿意买有机蔬菜而不是普通蔬菜，一方面是大家现在生活水平提高，对健康的追求更加迫切，另一方面是对污染和不安全产品的恐惧。我们只要抓准消费者的心理，再配合绝对范围的曝光率，从生产到进入市场绝对的透明化宣传，一定会让贵公司的产品在最短的时间内，真正深入人心，成为消费者信赖的产品。关于这部分，我们公司已经做了详细的市场调研和宣传策划，如果李总有兴趣，这是我的名片，您有空可以随时打给我。我们公司非常期待与您的合作。”李曼迪笑着递出自己的名片。

李总接过，和她对碰了一杯，颔首微笑道：“一开口就说到了点子上，我对你们公司的策划很感兴趣，改日我们再详细聊聊。”

“很高兴与您认识，也很感谢您能听我说完这些话，还有很多细节等待您的指教。对您造成的打扰表示抱歉，您先忙。”

李曼迪也不多做停留，微微颔首便离开了，丝毫不管身后同行铁青的脸色。

她知道自己短时间的介入已经让目的达成。

而李总自然不会再对那位同行的话感兴趣，当即转身把名片交给一旁的助理并说道：“记下来，约个时间和她详谈。”

短而精，精而凝，一开口就深入人心。

这是职场成功者一直以来无往而不胜的秘诀。

在职场中，大家工作忙碌，如果在交流的时候还抓不住重点，就会浪费自己和他人的时间，使我们的工作效率降低，也会使一次重要的会面变得寡淡而无味。

同样地，说话要抓住重点，抓准要点和宗旨，就像是掐住了一个人的命脉，自然而然获得别人的认同。

同样的道理适用于很多场合。

比如，很多人面试的时候，喜欢将简历制作得花里胡哨，还喜欢在面试的时候口若悬河地去表达自己有多厉害，结果却没有多少真本事。像这样的人哪怕面试通过了，后面的试用期也不会通过。

朋友陆臻是一家公司的人事管理，经常为各个部门寻找合适的员工，早就练就了看人的本领。他印象很深刻的是那一场为公司招聘美编的面试。

面试现场一共两个人——韩可和余月。两个人都是经过筛选之后才走到最后的，这两个人的风格迥然不同，韩可的简历风格简单但一目了然，胜在工作经验上；余月的简历则很华丽，胜在她的获奖证书多、技能多，各项指标也达到他们公司的招人标准。

韩可是第一个面试的。

“为什么选择我们公司？”陆臻问韩可。

“有实力、有学习的空间，有施展的空间，公司编辑部现在分好几个部门，旗下的杂志实体销售是同类杂志的前三名，线上阅读量是第二名。风格、色彩和搭配和我的理念十分接近，所以我很想和一群志同道合的人成为同事。”

听完韩可的回答，陆臻特别想录用她。一个在面试之前准备这么充分的人说明她很用心。

“你觉得自己的优势在哪里？”

“工作经验、配合度都是我的优势。我有多年的相关工作经验，所以我很了解美编的工作流程和操作重点。我的配合度也很高，可以根据客户的要求保质按时完成任务，并且设计出他们心目中理想的作品，这也是我的优势。我经常关注国内外设计的流行趋势，更能在客户的要求上给出合理的建议。”

“我可以明确告诉你，你很优秀，我也很欣赏你。如果最后一个问题你也可以让我满意的话，我想这场面试你就没多大问题。”陆臻直视她的双眼，很直接地问道，“为什么从上个公司辞职？”

“加班太多，薪资太少。”说完她自己就笑了起来。

身为面试官对于这种答案原本应该敏感慎重，可是陆臻反倒轻松了。他最害怕的是一上来便说自己没有任何要求、吃苦耐劳，可是真正到需要她的时候却跑得比谁都快，抱怨得比谁都多。

“详细说说。”他想了解。

“我比较期待的公司是可以以个人能力发放薪水。如果我的能力不足我会努力去提升。不知道贵公司是否是一个珍惜人才的公司？”她反问道。

陆臻这次真的笑了，他点点头，让她回去等通知。

第二个进来的是余月。

“为什么选择我们公司？”

余月的回答是：“因为公司很大，发展前景很好。”

第二个问题，余月的答案就丰富了，她说了自己在学校里拿过多少奖项、自己学习能力有多快、技术技能有多好，以及自己开朗的个性能够让她和同事友好相处。在她说了差不多 5 分钟时，陆臻打断了她。最后一个问题，他没有问，同样让她回去等消息。

最后谁能够被录用已经不用多说了。

我们都知道，和聪明的人交流是最轻松的。

有时候一个眼神一句话，就可以了解对方的心思。而不擅长交流的人，往往说了半天也找不到重点，只能将一件事、某个点翻来覆去地说，不仅累赘，还浪费时间。

就像我们和领导汇报工作的时候一样，带上表格，里面有具体的流程明细，而口头的汇报只需要将结果告之就可以。

完成的，就是已经完成。

未完成的，说明进度，并且预计可以完成的时间，这是需要报告的。

而不是在说未完成之后解释了一大堆的原因，无论是何原因造成，结果都是没有按时完成。相比解释，老板更愿意听后续的计划。

李建国坐在办公桌前，听企划部门的主管陈勇汇报工作。还没谈几句，李建国就气得头顶冒烟。

“他们计划什么时候过来，合同带过来吗？”李建国问他。

最近公司经理职位空缺，李勇和刘琦等几个主管都是备选人员，几个部门竞争激烈，都对那个职位充满渴望。

这次，陈勇准备了一堆说辞，觉得领导听了一定会觉得他尽心工作，好获得一些印象分。

他站在办公桌前回答：“李总，这个事情您一吩咐下来我就赶紧跟对方联系了。我根据您给的名片打了电话，可张总的手机总是占线，要么就是没有人接。我连续打了好几个都找不到人，后来想方设法查到他秘书的电话。好不容易接通了，秘书说这项目太大，还得张总拿主意，但是张总在外地开会，所以要等等。直到刚才……”

回答了一大堆，也没听到他想要知道的东西，李建国额头满是黑线，忍了又忍，见他还没有停止的意思，终于忍不住打断了他的话。

“注意听我的问题，其他的不用告诉我。”

“好的老板，我就是想跟您汇报下详细情况。您让周三前一定要敲定时间，可是他们老是有事耽搁，我也没办法。为了不耽误您的工作，我这电话打了一个又一个。大晚上我还跟进这事儿来着，可那边总是推脱。张总的秘书让我等回复，我等了很久也没等到张总的消息，我就直接去了他们公司……”

“你所谓的详细情况，对我来说丝毫没有价值。”李建国简直要抓狂了，怒道，“你只需要告诉我结果，哪天，几个人，带合同吗？”

陈勇被吓得一愣，这才简单地说：“周三下午，三个人，带合同。”

李建国长吁一口气，总算得到了想要的答案。他瞪了陈勇一眼，觉得这人做事拖拖拉拉没效率，正想指责他几句，办公室门被敲了三下。李建国抬头，见执行部的主管刘琦在外面，便点头让他进来。

“这次的项目进度怎么样了？”李建国问道。“能不能按时交货？”

“一切正常，按目前各项进度来看，可提前一周交货。”刘琦回答。

李建国眉头一挑，眼睛里闪过一丝赞赏：“哦，是吗？看来你们各项工作都进行得很顺利啊。”

“还算妥当，我跟您详细汇报一下。”

李建国眉头一皱，本以为又要听到一连串的琐碎，没想到刘琦有条不紊地汇报：“本项目月初启动，厂商方面，全部沟通就绪，合同已签妥，附加条款已谈妥，上周已经找您签过字。原材料方面，已就绪，并且全部通过检查，目前已全部运到生产线。生产方面，已开始进行，预计 15 个工作日内完成产品的生产工作。物流方面，已联系沟通妥当，只等产品出库即可送货。”

流程进度清晰，简洁明了。

李建国听得连连点头，他转身对陈勇说道：“听听人家怎么汇报工作的，真不知道你是怎么混到主管位置的。下次汇报工作的时候听清楚我的问题，然后直接说结果，不要说那些没用的，我时间有限。”

他一挥手，示意陈勇出去。

“抱歉，李总，我……我知道了。”陈勇被李建国一吼，满头大汗，连连点头。

他心有不甘地看了刘琦一眼，满脸懊恼，本想在领导面前表现一番，没想到得到的是一顿奚落。他不快地离开办公室，心里却非常不甘心。

自己辛辛苦苦忙那么久，哪里做得不如刘琦了？

李总让周三前敲定，自己费了那么大劲，总算在周三下午确定下来，反而落不到一句好？刘琦那边也没做什么啊，按部就班完成工作而已，怎么比得上他那么辛苦，李总真是昏了头。

“刘琦，你做得很好，继续跟进项目，及时汇报进度，去忙吧。”

李建国见刘琦点头离开，这才无奈地揉着自己的太阳穴道：“一句话的事，搞这么复杂，是要我表扬他坚持不懈吗？还是刘琦让人省心啊。”

一开口就给了对方最想要的重点，这才是真正的说话之道，而不是为简单的结果加上小说般效果的过程，累赘不说，还让人抓不到重点，哪怕工作完成得再出色，职业能力也会大打折扣。

生而为人，诸多不易。

而语言是有魔力的，它不但可以带给我们诸多便利，也可以带给我们更多的幸福感。

在合适的场合说合适的话，可以让我们少走很多弯路；学会用脑子说话，可以让我们的生活减少很多磨难；说打动人的话，可以帮助我们更快地达成目标。

学着说打动人的话，学着做高情商的人，慢慢地你就会发现离成功和幸福更近一步。

EQ
说打动人的话，
做情商高的人